Götz W. Werner

Wann fällt der Groschen?

Götz W. Werner

Wann fällt der Groschen?

52 Schlüsselfragen zum eigenen Leben

Herausgegeben von Herbert Arthen

Verlag Freies Geistesleben

2. Auflage 2014

Verlag Freies Geistesleben
Landhausstraße 82, 70190 Stuttgart
Internet: www.geistesleben.com

ISBN 978-3-7725-5244-1

© Verlag Freies Geistesleben
& Urachhaus GmbH 2014
Foto Seite 11: Alex Stiebritz
Umschlaggestaltung: Maria A. Kafitz
Layout und Satz: Thomas Neuerer
Druck: DZA Druckerei zu Altenburg GmbH
Printed in Germany

Inhalt

Vorwort des Herausgebers   7

1. Warum schmelzen gute Vorsätze schneller
als Schneeflocken?   12
2. Wollen wir uns Kinderarmut leisten?   16
3. Ist der Mensch ein Suchtwesen?   20
4. Welche Geschäfte macht Ihre Bank?   24
5. Ist Arbeit nur, was gut bezahlt wird?   28
6. Kann ich fasten?   32
7. Ist der Einsatz von Robotern in der Pflege sinnvoll?   36
8. Wieso steckt das Wort «ziehen» in Erziehung?   40
9. Warum nach dem Warum fragen?   44
10. Machen Schranken frei?   48
11. Warum haben wir zwei Menschenbilder?   52
12. Ist heute mein Museumstag?   56
13. Wollen wir nur wir selber sein?   62
14. Lernen wir durch Einsicht oder Katastrophe?   66
15. Interessiert uns das Glück der nächsten Generation?   70
16. Haben Sie Visionen, Subvisionen
oder gar nichts davon?   74
17. Brauchen wir eine neue Wirtschaftsordnung?   78
18. Warum lügt Geld?   82
19. Hat jedes Leid einen Namen?   86
20. Soll nur essen, wer arbeitet?   90
21. Ist Egoismus die Folge von Individualismus?   94
22. Was unterscheidet Gammelfleisch von
Schrottanleihen?   98

23. Wann ist Gewinn nicht alles? 102
24. Sind Schrottplätze bessere Spielplätze? 106
25. Müssen wir Eigentum neu definieren? 110
26. Wie viel sollte jeder Einzelne selbst entscheiden? 114
27. Müssen wir uns unsere Freiheit erobern? 118
28. Vermeiden wir unnötiges Leid? 122
29. Trauen wir unseren Mitmenschen Politik zu? 126
30. Bin ich bereit zum Risiko? 130
31. Wollen wir begeistern? 134
32. Denken wir konfrontativ oder kooperativ? 138
33. Wie wichtig ist uns Menschenwürde? 142
34. Schaffen wir Regelwerke oder Freiräume? 146
35. Wann fällt der Groschen? 150
36. Kann Arbeit geringfügig sein? 154
37. Ist Rennen Kopfarbeit? 158
38. Kommt Leistung von Herzen? 162
39. Verstehen wir das Prinzip des Lebens? 166
40. Wie viel Verantwortung können wir tragen? 170
41. Wozu soll unser Leben gut sein? 174
42. Wie wichtig ist Kunst? 178
43. Warum wir auf Macht verzichten müssen! 182
44. Wozu braucht es freiheitswillige Menschen? 186
45. Brauchen wir heute noch Herzensbildung? 190
46. Bin ich Herr oder bin ich Knecht? 194
47. Was hat Einkaufen mit Moral zu tun? 198
48. Macht Selbstlosigkeit zufrieden? 202
49. Ist Nächstenliebe eine Worthülse? 206
50. Ist Arbeit Fluch oder Segen? 210
51. Wem soll frühkindliche Erziehung dienen? 214
52. Können wir über uns hinauswachsen? 218

Besonnen lebensbejahend

Vorwort des Herausgebers

Es gibt Fußballer, die mit einem Salto vorwärts ein Tor bejubeln, Frauen, die eine neue Handtasche mit Freudentränen in die Arme nehmen, Bankvorstände, die Siege mit dem V-Zeichen von Zeige- und Mittelfinger sowie stolz geschwellter Brust und breitem Grinsen demonstrieren und Politiker, die auf der Stelle tanzen, wenn sie die Wahl gewonnen haben. Trauer, Wut, Enttäuschung, Angst können ebenfalls hochemotional interpretiert werden – jeder kennt Gefühlsausbrüche dieser Art.

Götz W. Werner, Jahrgang 1944, wirkt immer gelassen. In Freud und Leid. Seine bevorzugte Tugend ist «Temperantia», wofür es in unserer deutschen Sprache kein rechtes Wort gibt. «Mäßigung» charakterisiert den dm-Gründer Werner ebenso passend wie «Besonnenheit», «Beherrschung» trifft ebenfalls zu. Meistens, noch nicht immer. Aber Werner arbeitet stetig an sich, um die platonische Kardinaltugend perfekt zu beherrschen.

Was konkret bedeutet, sich selbst zu beherrschen, es darin zur Meisterschaft zu bringen. Nur in scheinbarem Widerspruch steht seine Anforderung an sich selbst und an alle Mitmenschen, ganz konsequent das Denken, das Fühlen und das Wollen des Anderen zu berücksichtigen, wann immer man mit seinen Mitmenschen in Beziehung tritt. Die wesentliche Einschränkung ist, dass das eigene Fühlen und Wollen sich möglichst nie gedankenlos entfaltet.

Das hat ganz praktische Konsequenzen. Der Unternehmer Werner will Werbung nur dann anwenden, wenn diese nicht die Triebe anspricht, er hält Führung nur dann für legitim, wenn sie zur Selbstführung befähigt, und schwört auf das Subsidiaritätsprinzip, nach dem der Einzelne so viel wie möglich selbst bestimmt und selbst verantwortet. So ist das von ihm gegründete Unternehmen dm aufgestellt. Nicht zentralistisch, sondern atomistisch, also mit möglichst viel Selbstverantwortung bei jedem Mitarbeiter und jedem dm-Markt. Die Zentrale ist ein filialunterstützender Dienst, von dem Empfehlungen kommen können, keine Anweisungen.

Für einen Menschen, der in der Phase des Totalitarismus geboren wurde, in einer Zeit, in der auch der Absolutismus noch gedacht und gelebt wurde in Europa, ist das sehr, sehr innovativ. Fast revolutionär. Deshalb tun sich auch viele politischen und wirtschaftlichen Führer schwer mit dem Gedankengut von Götz W. Werner. Wenn Werner postuliert, dass man Menschen Teilhabe gewähren müsse am Bruttoinlandsprodukt, damit sie teilnehmen können an der Entwicklung von Wirtschaft und Gesellschaft, dann sträuben sich vielen Anhängern hierarchischer und disziplinarischer Führungsstrukturen die Nackenhaare. Sie fürchten diese Anarchie, also die Abwesenheit von Herrschaft, die nichts mit Anomie, also mit Gesetzlosigkeit, Gewalt und Unordnung zu tun hat.

Der Unternehmer Götz Werner hat sich über eine Headline zur Führungsstruktur bei seinem dm-drogerie markt besonders gefreut. «Filialen an die Macht», lautete die Überschrift, mit der ein Beobachter die Intention von Götz W. Werner treffend charakterisierte. Noch heute, Jahre nach seinem Ausstieg aus der operativen Führung seines dm, befördert der Gründer diese Idee, wo immer er kann. Und setzt auf Bildung und Wissen, weil erst dadurch Selbstermächtigung und Selbstführung möglich werden.

Die 40-jährige Erfolgsgeschichte von dm-drogerie markt gibt ihm recht. Man kann zwar auch auf anderen Wegen wirtschaftlich erfolgreich sein, aber die demokratische, subsidiäre Methode, die bei dm praktiziert wird, ist erfolgreich. Die Zahlen sprechen für sich, dm ist das beste Unternehmen der Branche, Götz W. Werner gilt als einer der erfolgreichsten Unternehmer der Nachkriegsgeschichte in Deutschland. Zu seiner Erfolgsmethode, so sagt Werner, gehören die Suche nach Schlüsselerlebnissen und deren konsequente Umsetzung. In der Universität des Lebens lerne man am meisten anhand dieser Schlüsselerlebnisse.

Diese Schlüsselerlebnisse hatte der Mann, der auch heute noch nahezu täglich Stunden in den dm-Märkten zubringt, zumeist in seinem beruflichen Dasein – und hat bei der Gestaltung und Entwicklung des Unternehmens die Erkenntnisse aus diesen Schlüsselerlebnissen konsequent umzusetzen versucht. Schlüsselerkenntnisse sind die unmittelbare Folge von Schlüsselerlebnissen. Da die Methode bei dm funktionierte, hat Werner diese Schlüsselerkenntnisse auch auf gesellschaftliche Phänomene übertragen. Weil er seine erkenntnisse teilen will und nicht für sich behalten, beschreibt er sie. Ein Weg hierfür sind seine Kolumnen, die er regelmäßig im Kundenmagazin seines dm-Marktes publiziert.

Weit mehr als eine Million Menschen nehmen Monat für Monat das Kundenmagazin *alverde* mit nach Hause, und sehr viele davon lesen die Kolumnen von Götz W. Werner, wie zigtausendfache Reaktionen von Leserinnen und Lesern immer wieder belegen. Da wir so oft darum gebeten worden sind, diese *Blicke über den Tellerrand*, wie Götz Werner die Inhalte seiner Kolumnen bezeichnet, gesammelt verfügbar zu machen, haben wir uns entschlossen, zu seinem siebzigsten Geburtstag 52 Kolumnen in einem Buch zusammenzufassen. Es ist ein Lesevergnügen. Das Denkvergnügen danach ist nicht minder groß.

Karlsruhe, 10. Januar 2014 *Herbert Arthen*

1

Warum schmelzen gute Vorsätze schneller als Schneeflocken?

Liebe Leserinnen, liebe Leser, ich wünsche Ihnen, dass Sie gut ins neue Jahr gekommen sind.

An den besinnlichen Weihnachtstagen entdecken viele Menschen eine Person, mit der sie sich ansonsten viel zu wenig aktiv beschäftigen: sich selbst. Wenn man aber im Umgang mit sich selbst nicht geübt ist, dann macht man leicht Fehler. Fehler, die einem mit einiger Routine seltener passieren. Denn diese situative, intensive Ich-Bezogenheit basiert nicht auf einer exakten Wahrnehmung der eigenen Person, keiner genauen Analyse der eigenen inneren Motive, sondern mangels Übung zumeist auf einer diffusen, auf Vorstellungen basierenden Momentaufnahme. Einer Art Schnappschuss.

All unser Erkennen und Handeln hat aber seinen Ursprung und seine Begrenztheiten in uns selbst. Auch Hirnforscher behaupten heute und belegen dies immer besser, dass die Gene eine größere Rolle für unser Verhalten spielen und die Umwelt eine geringere als bisher angenommen. Je älter man werde, so erläutert der Neurobiologe Manfred Spitzer, desto mehr dominieren die von innen kommenden Impulse und Motive. Der Naturwissenschaftler mag es Gene nennen, was da von innen wirkt, religiöse Menschen finden andere Namen für diese inneren Handlungsimpulse. Ich weiß aus Erfahrung, dass diese inneren Impulse durch Denkübungen gefördert werden können. Eine solche Zustandsbestimmung verlangt Fokussierung, damit das Bild Tiefenschärfe und Schärfentiefe bekommt. Es wird an der richtigen Stelle und zugleich in einem möglichst großen Bildbereich richtig scharf. Eine ungeübte Ich-Bezogenheit hat dagegen ihre Tücken. Sie ist nicht nur ungenau, sondern auch so mühsam wie ungewohnte Anstrengungen für untrainierte Muskeln. Die Folge ist eine Art passiver Ich-Bezogenheit, aus der dann «gute Vorsätze» für das neue Jahr erwachsen, die die Halbwertszeit einer Schneeflocke haben.

Ich kenne nur sehr wenige Menschen, die diese passive Ich-Bezogenheit, die sich in ihren sogenannten guten Vorsätzen wiederfindet, in eine nachhaltige Ich-Aktivität umzuwandeln vermögen. Von einer Ich-Bezogenheit zur Ich-Aktivität zu gelangen, ist jedoch unsere wichtigste Lebensaufgabe, das «Fest der Liebe» ist der kalendarisch wiederkehrende Hinweis darauf. Ein aktiv erarbeitetes Lebenszeugnis, ob eines Wissenschaftlers, Kulturschaffenden oder eines in der arbeitsteiligen Wirtschaft tätigen Menschen, hat seine Ursache in der Bereitschaft, für andere leisten zu wollen, mehr noch – sich für die Mitmenschen verausgaben zu wollen.

Im Konferenzraum von dm-drogerie markt hängt deshalb seit vielen Jahren Folgendes:

Es genügt nicht zu wissen, man muss es auch anwenden, es genügt nicht zu wollen, man muss es auch tun.

Jede Ich-Aktivität verlangt neben dem sorgsam wahrgenommenen eigenen Status Quo eine klare Erkenntnis davon, was uns als Wesen ausmacht – übergangsweise kann man das Gene nennen – und hingebungsvolles, empathisches Handeln. Kultivieren Sie, liebe Leserinnen und Leser, diese Zielsetzung im neuen Kalenderjahr. Machen Sie Ihren Masterplan für das neue Jahr. Selbst wenn sich einige Ziele nicht verwirklichen lassen, ist Planabweichung viel besser als Planlosigkeit.

Denke erst, und handle dann, und handelnd denke stets daran, steht ebenfalls im dm-Stammbuch. Was heißen soll: Jede Ich-Aktivität muss stetig auf den Prüfstand, aus konstruktiver Unzufriedenheit heraus. Denn wir haben nicht nur das Recht auf Entfaltung unserer Identität, wir haben die Pflicht dazu. Tag für Tag aufs Neue. Ich wünsche Ihnen für das neue Jahr ein positives Erleben Ihres Ichs durch eine stetige aktive Hinwendung zu ihren Mitmenschen.

2
Wollen wir uns Kinderarmut leisten?

Sie kennen diese seltsame Situation sicher auch. Man hört eine Alarmsirene aufheulen und weiß gar nicht, woran man ist. Feuer? Terroristen? Giftunfall? Oder doch nichts wirklich Ernstes? Und wahrscheinlich nur eine Übung! Minuten später ist der Spuk vorbei, man weiß nichts Genaues und ist wohl auch nicht betroffen.

Die Bundesregierung hat 2008 Alarm geschlagen. Ein seltsamer Alarm. Kein richtig lautes Signal und auch eines, das irgendwie undeutlich klang. Die Regierungs-Sirenen klangen so unterschiedlich. Wenn man genau hinhörte, war es ein «Armutsalarm». Wer sich die Mühe macht zu lesen, der liest ein Armutszeugnis. Wahrscheinlich war der Alarm so leise, weil es das Zeugnis für diejenigen ist, die zugleich die Pflicht haben, Alarm zu geben, also unsere Politiker.

Denn es passiert wirklich etwas in Deutschland. Wir Bürger sollten also genau hinhören, auch wenn der Alarm noch so leise und diffus klingt. Es brennt eine Art Schwelbrand, der immer häufiger ausbricht. Wo? Überall um uns herum. 2,6 Millionen Kinder sind bereits betroffen, noch einmal so viele sind gefährdet. Die Zahlen sind eindeutig. Sie stammen vom Statistischen Bundesamt, offengelegt hat sie der Präsident des Deutschen Kinderschutzbundes Heinz Hilgers, zugleich Bürgermeister von Dormagen.

Ein paar Fakten: Für fünf Millionen Kinder stehen im Monat weniger als 250 Euro zur Verfügung. Für alles! Essen, Trinken, Schule, Bücher, Eis – und den Anteil an den Mietkosten. Betrachtet man die Haushaltsgröße, haben die Fünf-und-mehr-Personen-Haushalte die höchste Armutsquote. Außerdem sind es viele Ein-Eltern-Haushalte mit zwei und mehr Kindern, die unter Armut leiden.

Und die Politik trickst: Im Vergleich zum letzten Armutsbericht vor zwei Jahren hat man die Armutsgrenze einfach von 938 Euro auf 781 Euro pro Monat gesenkt. Und die Politik will die Eltern schleichend entmündigen, statt diese zu unterstützen: Die Familienministerin will eine kostenlose Schulspeisung und eine Ganztagsbetreuung für alle Kinder – Kollektiv statt Familie.

Das Robert-Koch-Institut hat das Thema von einer ganz anderen Seite angepackt und die Gesundheit alleinerziehender Mütter untersucht. Die finanziellen Probleme belasten und beunruhigen die vorwiegend jungen Frauen zu 47,7 Prozent. Aber als noch bedrückender empfinden die jungen Mütter die Unsicherheit, wie die eigene Zukunft weitergeht, 49 Prozent sind in Sorge um die Zukunft.

Diese besorgten jungen Mütter und die Kinder ohne gute Zukunft sind unsere Nachbarn, unsere Mitbürger. Und sie sind unsere Zukunft. Aber nur dann, wenn wir die Alarmsignale aufnehmen und als Bürger handeln.

3

Ist der Mensch ein Suchtwesen?

Der neue Roman habe «Suchtpotenzial», rühmt ein Verlag das neuste Werk des Autors. Arme Frau Pott. Als ob es nicht bereits genügend Stoffe mit Suchtpotenzial gebe, vor denen die Bundeszentrale für gesundheitliche Aufklärung (BzgA), geleitet von Prof. Dr. Elisabeth Pott, unablässig warnt. Nicht nur Verleger, auch Autohersteller, Tanzschulen oder Redakteure gebrauchen das Wort *Suchtpotenzial* oft und gerne fahrlässig positiv, um ihrer Begeisterung für etwas Ausdruck zu verleihen. «frag-mutti.de» preist sogar Buttermilchkuchen mit Mandarinen als Delikatesse mit Suchtpotenzial an. Wie problematisch das ist, zeigt sich, wenn Videospiele oder Handys als Produkte mit Suchtpotenzial beworben werden. Denn sie bringen schnell Leid. Das Familienministerium erkennt «verminderte Kontrollfähigkeit bezüglich Beginn, Beendigung und Dauer» der Verwendung. Und es konstatiert «Entzugserscheinungen wie Nervosität und Schlafstörungen», wenn das Mobiltelefonieren oder Computerspielen untersagt werden. Als ob die stoffgebundenen Süchte wie Drogen- oder Alkoholabhängigkeit nicht schon Gräuel genug brächten, lassen sich mit den nicht stoffgebundenen Süchten legale Geschäfte machen;

die Abgrenzung von Normalgebrauch und Sucht ist von Sportwetten bis Computernutzung fast unmöglich. Diese nicht stoffgebundenen Süchte werden nach Ansicht von kritischen Experten unzureichend thematisiert, obwohl sie genauso gefährlich seien.

Die Diskussion auszuweiten, löst aber das Problem nicht, es bekämpft lediglich die Symptome. Dabei kennen wir diese Ursachen von der naturwissenschaftlichen Analyse her genauso wie aus der menschenkundlichen Betrachtung: Der Mensch ist ein Suchtwesen, er kann nach allem ein unkontrolliertes Wollen entwickeln.

Wir leben in Zeiten, in denen die Sucht nach irgendetwas hervorgerufen wird durch eine Sucht nach Höhepunkten. «Make the most of now» lautet die Werbekampagne des Weltkonzerns Vodafone. So beginnen die Jugendlichen mit einem Piercing und einem Tattoo. Da selbst die Bewältigung von Schmerzen Euphorie auslöst, endet die Selbstkasteiung mit Zungenspaltungen und Schlimmerem. Vor allem, weil die Sucht nach Höhepunkten aufgeheizt wird von Gleichgesinnten und einer Unterhaltungsindustrie, unter deren Einfluss der eigene freie Wille auf der Strecke bleibt.

Eine generelle Lösung des Suchtproblems hat uns aber bereits Friedrich Schiller gelehrt: Für den großen Denker schleudern wir zwischen zwei Leitplanken, dem *Formtrieb* und dem *Stofftrieb*. Den sinnlichen Stofftrieb, der in die Sucht führt, könne nur die freie

Person aus innerem Antrieb mäßigen, meinte Schiller. Hierzu müssen wir zuallererst unseren Kindern zeigen, wie sie ihre eigenen Denk- und Willenskräfte erkennen und entfalten können. Dann haben weder Alkohol noch Computerspiele «Suchtpotenzial» – auch Romane und Buttermilchkuchen nicht.

4

Welche Geschäfte macht Ihre Bank?

Wer wie ich erwachsen wurde, als sich Deutschland zum Wirtschaftswunderland entwickelte, der kennt die Berufsgruppen, denen die Menschen damals trauten: Wir Drogisten lagen weit vorn, aber vor uns im «Vertrauens-Ranking» lagen Pfarrer, Ärzte, Apotheker, Lehrer, insbesondere aber auch die Bankdirektoren und deren Mitarbeiter.

Die Bildzeitung titelte einmal «Dumm-Banker». Wenn man sich wundert, wie eine Berufsgruppe derart in Verruf geraten kann, dass ein Boulevardblatt die «Banker» von oben herab an den Pranger stellen kann, dann findet man viele Gründe. Hauptproblem ist die unfassbar große Gier, die in von den Gierigen selbst geschaffenen «Bonussystemen» gipfelt. Rund 40 Milliarden Dollar zahlten die fünf größten Investmentbanken 2007 an ihre Mitarbeiter an «Leistungsprämien» aus. Jetzt sind sie pleite, verkauft oder marode. Überall auf der Welt müssen Regierungen jetzt Milliarden transferieren. Auf Staatskosten – der Staat sind aber die Bürger.

Das Handeln vieler Banken sei aber doppelt verantwortungslos, meint der Wirtschaftsnobelpreisträger Joseph Stiglitz. Die Banken hätten vor allem in Amerika die Gier der Häuslebauer geschürt und einkommensschwache Menschen in die Verschuldung verführt, um an riskanten Transaktionen viel zu verdienen. Als «Kasino Kapitalmarkt» hat der ehemalige Staatssekretär Heiner Flassbeck das Treiben bei Hedgefonds, Investment-, Hypotheken- und sogar bei Landesbanken hierzulande und überall bezeichnet, das längst von der Realwirtschaft abgekoppelt ist.

Wenn eine ehemals solide agierende Berufsgruppe heute massenhaft durchsetzt ist von geldgierigen Hasardeuren, von Glücksspielern und Abenteurern, dann liegt das aus meiner Sicht an einem Problem, das Johann Wolfgang von Goethe bereits in seinem Faust warnend thematisierte: dass die Regierenden und die Finanziers Buchgeld schaffen, das durch keinen echten Wert hinterlegt ist. Weil der Kaiser Geld braucht, rät der als Hofnarr getarnte Mephisto, den Boden zu beleihen, weil der des Kaisers sei. So einfach schafft man vermeintlichen Mehrwert. Daraufhin der Kriegsminister im Faust: «Ich wollte gern ein bisschen Unrecht haben», wenn die Soldaten Geld wollen.

Die Menschheit lebt immer mehr auf Pump, weil sie feiern und sich vergnügen will. Das wissen die Verantwortlichen in Politik, Wirtschaft und Kultur, und deshalb lassen sie zu, dass nicht moralisch integere Menschen, sondern habgierige Geldmacher unablässig «Geld schöpfen» und es in Umlauf bringen, ohne dass dieses Geld durch Sachleistung hinterlegt wäre. Mittlerweile wird sogar umgekehrt gedacht: Nur eine kreative Finanzwelt sorge für eine funktionierende Realwirtschaft. Den Hofnarren freut es. Unsere Gesellschaft hat großartige Leistungen erbracht und echte Werte geschaffen. Es ist nicht nötig, den Wohlstand durch Spielgeld steigern zu wollen. Die Verantwortung, das zu unterbinden, liegt bei den Politikern. Und bei den Soliden unter den Bankern. Vor allem aber bei den Bürgern. Fragen Sie nach, was Ihre politischen Vertreter von Bonussystemen halten, ob sie «Landes»-Banken mit gigantischen Zuschüssen unterstützen würden. Und fragen Sie nach, welche Geschäfte Ihre Bank macht. Sie werden überrascht sein.

5

Ist Arbeit nur, was gut bezahlt wird?

Als ich eine Einladung der Initiative «Stuttgarter Kindertaler» angenommen hatte und Kindern ein Märchen vorlas, fragte mich hinterher ein kleiner Zuhörer, seit wann ich denn arbeiten würde. Die Frage des Jungen veranlasste mich nicht zu einer Antwort, sondern zu einer Gegenfrage: «Was ist denn Arbeit?» Für das Kind gab es nicht viel zu überlegen: «Wofür man bezahlt wird», meinte mein junger Gesprächspartner. «Und was ist, wenn eure Mamas und Papas zu Hause etwas für euch tun?», fragte ich die Kinder. Ihnen ist dadurch klar geworden, dass etwas an der Vorstellung des Jungen von Arbeit nicht stimmt.

Er hat noch viel Zeit dazuzulernen. Aber wer von den Erwachsenen kann unseren Kindern den richtigen Arbeitsbegriff vermitteln, wenn die meisten Menschen die Meinung vertreten, dass nur bezahlte Erwerbsarbeit echte Arbeit ist? Das ist Realität in Deutschland, die Sätze hervorbringt wie: «Arbeitest du oder bist du nur Hausfrau?»

Das Statistische Bundesamt hat errechnet, dass in Deutschland jährlich rund 60 Milliarden bezahlte Arbeitsstunden geleistet werden. Zur gleichen Zeit werden mehr als 90 Milliarden Stunden unbezahlt in häuslicher Arbeit oder als ehrenamtliches Engagement geleistet.

Es sind also nicht nur die Mütter und Väter, die Söhne und Töchter, die in den Haushalten putzen, pflegen, bei Hausaufgaben unterstützen oder Reparaturen durchführen. In Deutschland stünden die Räder still, wenn die mehr als 23 Millionen Menschen, die sich ehrenamtlich engagieren, nur noch gegen Bezahlung arbeiten würden.

Ich kann zu keinem anderen Schluss kommen als dem, dass der verengte Arbeitsbegriff etwas mit dem Menschenbild zu tun hat, das sich schleichend in unserer Gesellschaft verbreitet hat. In einer immer mehr am Materiellen orientierten Gesellschaft bemisst sich ganz offenbar der Wert eines Menschen an dem, was er zu Geld machen kann. Je dicker das Bankkonto, desto wertvoller der Mensch. Mitbürger ohne Erwerbsarbeit, in der Politik und auch sonst einfach als «Arbeitslose» bezeichnet, werden bei diesem geldorientierten Menschenbild schnell zu Faulenzern und Schmarotzern. «Arbeitslose» können noch so intensiv Kranke pflegen, Kinder in Vereinen trainieren oder andere erzieherische oder soziale Dinge tun, das zählt dann alles nicht.

Es sind aber nicht nur die Politiker, Wirtschaftsweisen und Manager, die Arbeit auf Erwerbsarbeit reduzieren. Prüfen Sie sich bitte selbst. Zum Beispiel, wenn Sie Ihren Kindern oder Enkeln erklären, was Arbeit ist. Und achten Sie darauf, ob Sie Ihren Kindern und Enkeln indirekt einen materialistischen Erwerbsarbeitsbegriff vermitteln, wenn sie für die kleinen Arbeiten im Haushalt oder für eine Besorgung gleich eine Bezahlung anbieten. Und überlegen Sie bitte, wen Sie für cleverer halten. Denjenigen, der als Aufsichtsrat einer Bank ein paar tausend Euro verdient, oder diejenige, die kostenlose Migrationsarbeit für sozial benachteiligte Kinder leistet.

Die Arbeit am und für den Menschen ist die wertvollste. Wir geben heute denjenigen, die unser Geld verwalten, ein Vielfaches dessen, was wir Pädagogen und Erziehern geben, denen wir unsere Kinder anvertrauen.

6

Kann ich fasten?

Demnächst ist Fastenzeit. Christen fasten von Aschermittwoch bis Ostern, 40 Tage und Nächte sollen es sein. Früher, lange vor der Überflussgesellschaft, waren es gleich zwei Fastenzeiten, denn auch die üppige Martinsgans war der letzte große Schmaus, um dann bis Weihnachten genügsam zu sein.

Fasten und der gleichzeitige Verzicht auf Ablenkung erfordern Beherrschung und Disziplin. Früher, in Zeiten des Mangels durch schlechte Ernten oder kalte Winter waren Fastenzeiten keine asketischen Rituale, sondern eine Art Übung, um für den Ernstfall trainiert zu sein. Die Fähigkeit zum teilweisen oder gänzlichen Verzicht auf Nahrung war in Zeiten von Hungersnöten überlebenswichtig. Letztendlich war sie aber eine der leichteren Willens-Übungen. Der Geist war gefordert, aber unterstützt durch soziale Kontrollen und Normen, oft sogar mit der Androhung von Sanktionen verbunden. Eine heldenhafte Tat ist Fasten nicht.

Willensstärke und Mut charakterisieren aber die Heldin und den Helden, diese legendären Gestalten der Mythologie. Achill etwa oder Siegfried, der mit beinahe übermenschlicher Kraft den Drachen besiegt, oder auch viel später noch eine Jeanne d'Arc.

Was die Willenskräfte angeht, taugten diese mytho-
logischen Kämpfer als Vorbild für die sehr gemein-
schaftsorientierten Menschen; sie sind dazu erfunden
oder gerade deshalb auch dramatisch überhöht in der
Geschichtenerzählung, um auf eine wichtige individuelle Ressource, auf die vorhandene Ich-Stärke von uns
Menschen hinzuweisen.

Heutzutage müssen die Helden des Alltags in unserem Kulturkreis ihre Willensstärke auf andere Weise
beweisen als die Kämpfer der Vergangenheit. Die hel-
dische und zu Zeiten stetiger, bewaffneter Konflikte
bedeutsame Kardinaltugend «Fortitudo», also Tapfer-
keit, tritt in den Hintergrund, während in unserer Zeit
totaler Globalisierung und hoher Komplexität eine andere der vier Kardinaltugenden, «Temperantia», also
Besonnenheit oder Mäßigung, an Bedeutung gewinnt.
In Zeiten von allerorts und stets verfügbaren Gütern,
vagabundieren großen Geldmengen und verlockenden
Bonuszahlungen bedarf es zudem ungeheurer Willensstärke, um besonnen und maßvoll zu handeln.

Rudolf Steiner, der in seinen Reden und Schriften
viele Anregungen zur sinnvollen und sinnstiftenden
Lebensführung gibt, hat «Temperantia» und Willensstärke pointiert zusammengeführt, indem er einerseits beschreibt, dass es kein Für *oder* Wider, sondern
stets ein Für *und* Wider gibt, um eine Aufgabe in ge-
eigneter Weise zu durchleuchten. Das Abwägen ist die
Basis für Besonnenheit. Und andererseits sieht er ein
Ja oder ein Nein, um etwas zu entscheiden und auszu-

führen. Willenskraft und -stärke bilden die Basis für das klare Ja zur Entscheidung und zur Tat.

Willensstärke und Mäßigung übt man in der Konsumgesellschaft nicht mehr in Fastenzeiten, sondern möglichst unablässig im Alltag, indem man Bedürfnissen und Wünschen, die man verspürt, nicht unreflektiert nachkommt. Wir kämpfen nicht mehr gegen den Hunger oder einen bewaffneten Krieger, sondern gegen Zivilisationskrankheiten und die Zerstörung unserer Lebensgrundlagen.

Verzicht zu üben fängt im Privaten bei der scheinbar unverzichtbaren Tasse Kaffee oder bei belastender Ernährung an und schließt in Zeiten des Klimawandels auch energieaufwendiges Reisen ein. Ein Verzicht auf Wünsche, deren Befriedigung Freude machen mag, die aber ohne Not und ohne Schaden für uns selbst und andere unbefriedigt bleiben können. Betriebs- und volkswirtschaftlich lässt sich dieses Unterlassungskriterium auch anwenden.

Da Unterlassungen auch aus Bequemlichkeit erfolgen können, zeigen sich Mut und Willensstärke, Mäßigung und Besonnenheit deutlicher im Entschluss zum Handeln und letztendlich in der Ausführung der Handlung.

Ich wünsche Ihnen interessante Vorhaben und erfolgreiche Umsetzungen.

7

Ist der Einsatz von Robotern in der Pflege sinnvoll?

«Jeder Tag ist ein Beginn von vorne», hat mein Rudertrainer immer gesagt. Dass dies keine Phrase war,
konnte ich erkennen, sobald ich im Boot saß und auf
den Startschuss wartete. Dieses Motto hat mich nicht
nur beim Sport, sondern auch durch mein gesamtes
Leben begleitet. Die Worte des Trainers sind nicht nur
Ansporn für das Tagwerk, sondern sie drücken insbesondere die Notwendigkeit aus, sich Tag für Tag für
Neues zu öffnen. Denn während es beim Rudern mit
Blick auf Start, Strecke und Ziel noch recht überschau-
bar zugeht – und trotzdem nie gleich war –, sind unsere wirtschaftlichen und privaten Aufgaben wesentlich
komplexer.

Jeden Tag als Neubeginn zu erleben, beginnt damit,
Bewährtes als veränderbar zu betrachten. Dafür müssen wir uns von Erkenntnissen lösen und von Erfahrungen frei machen können. Wir lieben aber vertraute
Pfade, vor allem beim Denken.

Diese Schwerfälligkeit kann man am Beispiel der Altenpflege gut erkennen. Seit Jahren ist die Rede davon,
dass die Pflege immer teurer wird. Um die Kosten in
den Griff zu bekommen, überträgt man die Logik der
industriellen Produktion und versucht, den Aufwand

durch Rationalisierung der Handgriffe zu minimieren. Essensausgabe, Waschen und medizinische Betreuung folgen aufgrund großer Kostensensibilität dem Prinzip der Aufwandsminimierung. Wenn möglich, wird wie in der Industrie der Mitarbeiter durch Maschinen ersetzt. In Japan sind bereits Roboter entwickelt worden, die in der Altenpflege eingesetzt werden sollen. Im Unterschied zum Roboter, der einen Toyota montiert, hat der «humanoide Roboter» Äuglein und Nase.

Als Händler habe ich den Vorteil, an der Nahtstelle von industrieller Fertigung einerseits und verkäuferischer Kundenberatung andererseits zu sein. Ich bin durchaus fasziniert von der maschinengestützten Glanzleistung unserer Verteilzentren, die es uns ermöglicht, rund 4,5 Millionen täglich verkaufter Produkte in unseren 1.046 Filialen nachzufüllen. Äußerste Sparsamkeit und Effizienz bei jedem Arbeitsschritt sind vonnöten, um wettbewerbsfähig zu sein. Und die Menschen werden von einer monotonen und oft schweren Arbeit entlastet.

Sie als Kundinnen und Kunden können sofort nachvollziehen, dass ich völlig anders denken muss, wenn ich eine Beratungsleistung betrachte, die für Sie erbracht wird. Eine Aufwandsminimierung und Roboterisierung wäre bei dieser menschlichen Zuwendung ein Denkfehler. Es handelt sich schließlich um eine ganz andere Art von Arbeit.

Ich würde mir deshalb wünschen, dass schon morgen möglichst viele Menschen diesen Tag als einen Beginn von vorne betrachten – im Handeln und im Denken. Und damit aufhören, die Arbeit in Pflegeheimen und in der Altenhilfe genauso gestalten zu wollen wie die Arbeit in der industriellen Massenproduktion. Bei der Pflege von Menschen geht es vorrangig um mitmenschliche Zuwendung. Deshalb sind alle Methoden ungeeignet, die in der Produktion erfolgreich sind.

Wie sorgsam man seine Tage und sein Denken immer wieder von vorne beginnen muss, zeigt der Ausspruch eines anderen großen Rudertrainers: «Das Prinzip der Leistung ist immer gleich», sagt der Gold-Achter-Trainer Karl Adam. Es wäre eine großartige Leistung, den richtigen Arbeitsbegriff zu denken, je nachdem, ob es um industrielle Fertigung oder um zwischenmenschliche Zuwendung geht.

Ich wünsche Ihnen möglichst viele Tage, an denen Sie von vorne beginnen.

8

Wieso steckt das Wort «ziehen» in Erziehung?

Ist jeder Mensch ein Unternehmer? Ist es ein Irrtum, dass nur Unternehmensgründer Unternehmer sind? Sind nicht viele fürsorgliche Eltern und auch sozial engagierte Menschen in ihrer Art, Aufgaben zu erkennen, aufzugreifen und zu meistern, unternehmerischer als manche Firmeninhaber?

Die entscheidende Frage ist: Wie stelle ich mich in die Gemeinschaft? Bin ich jemand, der sich sagen lässt, was er machen soll, oder bin ich eine Person, die selbst erkennt, was zu tun ist? – Wenn ich aus diesem Blickwinkel Familienarbeit oder auch soziale Aufgaben betrachte, liegt der Schluss nahe, dass viele Frauen unternehmerischer handeln als ihre erwerbstätigen Männer. –

Doch wie kommt man in die Lage, sein Leben selbst zu gestalten? Oder bildlich gesprochen, wie schafft es zum Beispiel der Einzelne, dass er nicht am Schweif des Pferdes hängt, sondern dass er im Sattel sitzt und selbst die Zügel in die Hand nimmt?

Solange man am Schweif hängt und nicht im Sattel sitzt, zieht irgendjemand – deswegen heißt es auch Erziehung –, und der Ziehende gibt die Richtung und die Geschwindigkeit vor. Der Übergang vom Schweif in

41

den Sattel ist der von der Fremderziehung zur Selbsterziehung. Das ist ein kontinuierlicher Prozess, der lebenslang stattfindet.

Selbsterziehung heißt aber nicht, in Lieblingsvorstellungen oder Selbstbeschäftigungen hängen zu bleiben, sondern es heißt, sich seiner Fähigkeiten oder Talente bewusst zu werden, diese zu entwickeln und sich selbst Ziele zu setzen. Für heranwachsende Menschen ist Sport ein gutes Mittel, um von der Fremderziehung in die Selbsterziehung zu gelangen.

Aus der Sicht des Gründers und Gesellschafters eines Unternehmens mit mehr als 30.000 Mitarbeitern kann ich deshalb sagen: Auch Führung ist nur dann moralisch, wenn sie zur Selbstführung befähigt, und nicht, wenn sie in Abhängigkeit führt.

Aus der Sicht unserer Gesellschaft gilt: Je mehr Menschen in unserer Gemeinschaft sich selbst führen können und aus der Wahrnehmung der Bedürfnisse ihrer Mitmenschen Aufgaben initiativ, autonom und selbstbestimmt ergreifen, desto besser geht es uns.

Den Aspekt der Selbstführung hat Goethe in einem Vers seines Gedichtes «Die Geheimnisse» sehr treffend beschrieben:

«Denn alle Kraft dringt vorwärts in die Weite / zu leben und zu wirken hier und dort; / Dagegen engt und hemmt von jeder Seite / der Strom der Welt und reißt uns mit sich fort: / In diesem innern Sturm und äußern Streite / vernimmt der Geist ein schwer verstanden Wort: / Von der Gewalt, die alle Wesen bindet, / befreit der Mensch sich, der sich überwindet.»

In diesem Sinne hoffe ich für das Wohl und die Zukunftsfähigkeit unserer Gesellschaft, dass möglichst viele Bürger ihre Lebensbiografie selbst unternehmen. Wenn jeder für sich die Selbstführung aufgreift, intensiviert und ausweitet, profitieren alle davon.

9

Warum nach dem Warum fragen?

Viele von uns haben als kleine Kinder ihre Eltern mit den Warum-Fragen nicht nur erfreut, sondern manchmal auch in Verlegenheit gebracht. Die Frage nach dem Wie mag schon nicht leicht zu beantworten sein – aber «Warum» verlangt uns noch einmal viel mehr ab.

In Unternehmen spricht man vor allem darüber, «wie» man etwas erreicht. Mitarbeiter, vor allem Führungskräfte mit «Know How», sind in der Wirtschaft gesucht und gut dotiert. Diese Fragestellung ist notwendig, Antworten dafür parat zu haben ist sozusagen die Pflichtübung des Managers. Man darf es aber nicht dabei belassen – ob im wirtschaftlichen oder im privaten Umfeld. «Warum» man etwas macht oder veranlasst, zu dieser Fragestellung gilt es durchzustoßen, das ist die Kür zur Pflicht.

Wir bei dm üben uns stetig darin – mit wechselndem Erfolg. Meisterlich sind wir keineswegs. Auch der Blick über den Tellerrand als Unternehmer wie als Bürger und auch als Vater zeigt mir: Lehrer, Politiker, Manager oder Medienvertreter glänzen lieber mit ihrem Knowhow, mit dem Wissen darum, was geht und wie etwas geht. Fast könnte man meinen, die uns umgebende Welt verlange nur noch die Beantwortung der Wie-

Frage. Eine aktive und clevere Lebensbewältigung ist für die meisten heutzutage daher wichtiger als die Frage nach den Motiven eigenen und auch fremden Tuns. Das Wie der Daseinsbewältigung ist augenscheinlicher als das Warum. So wichtig Weg und Ziel auch sind, nur mit der Frage nach dem Motiv meines Handelns begebe ich mich auf die Sinnsuche, und je grundsätzlicher sich die Frage stellt, auch auf die ganzheitliche und grundsätzliche Suche nach dem Urgrund allen Handelns. Wer nach dem Sinn und nicht nur nach dem besten Weg fragt, erweitert seine Perspektive über die Gegenwart hinaus in die Zukunft. Während die Know-how-Frage sich aus der Rückschau beantworten lässt, kann man die Know-why-Frage nicht alleine aus der Vergangenheits- oder der Gegenwartsbetrachtung ableiten.

Die Frage nach dem Wie stützt sich auf Empirie, auf Wissen, das auf Erfahrung, naturwissenschaftlicher Erkenntnis und intellektueller Bildung basiert. Bei der Frage nach dem Warum begegnet dem erwachsenen Mensch das Phänomen, das er von Kindern kennt. Weil hinter jeder Warum-Frage wieder eine Warum-Frage steht, stellt sich früher oder später immer die Frage nach dem Sinn. Es liegt im Wesen des Menschen, dass die Entfaltung seiner Individualität an die Anerkennung durch die Gemeinschaft gekoppelt ist. Und damit geht die Anerkennung des Bedürfnisses der anderen zur Entfaltung von deren Individualität einher. In meinem unternehmerischen und privaten Tun hat die

Suche nach dem Warum zur Folge, dass ich Zutrauen gewonnen habe in die Eigenmotivation der Menschen um mich, wenn es um das Füreinander-Leisten geht.

Ich wünsche Ihnen eine erfolgreiche persönliche Beantwortung aller Fragen nach dem Warum.

10
Machen Schranken frei?

Die Suche nach Individualität kann leicht zur Sucht werden. Sie hat einen hohen Preis. In vielen deutschen Großstädten sind bereits 50 Prozent aller Haushalte Singlehaushalte. Standesbeamte vermeiden die Formulierung «Bis der Tod euch scheidet», Politikerinnen wie Frau Pauli von den Freien Wählern fordern die Ehe auf Zeit, sogenannte Celebrities verwechseln manchmal egozentrische Selbstinszenierung mit einer Eheschließung.

Vieles deutet darauf hin, dass die Menschen unablässig daran arbeiten, sich möglichst viele Rechte zu sichern und sich möglichst vieler Pflichten zu entledigen. Die herrschende Meinung und die daraus folgende Handlungsmaxime ist: Entfalten kann sich nur, wer uneingeschränkt frei agieren kann. Man könnte diese Maxime auch als rücksichtslose Freiheit bezeichnen.

Wer sich wie ich mit Anthroposophie beschäftigt, der stößt schnell auf eine gottlose Abart, den «Anthropozentrismus». Die Ablehnung von Religion und Glauben und die Glorifizierung einer scheinbar naturwissenschaftlich begründbaren Evolutionstheorie haben dazu geführt, dass sich ein meinungsbildender Teil der Menschheit als Mittelpunkt des Seienden begreift.

Es ist vor dem Hintergrund einer solchen kollektiven Selbstüberschätzung nicht verwunderlich, wenn sich mehr und mehr Menschen ein Maximum an Freiheit im Sinne von Freizügigkeit verschaffen wollen. Beziehungsaufbau und Beziehungspflege sind dann nicht die Folge von Menschen- und Nächstenliebe, sondern strategisches Networking zwecks Nutzenmaximierung. Neben dieser Tendenz, sich als Individuum eigennützig optimal entfalten zu können, erleben wir bei einem aufmerksamen Betrachten unserer Lebensumstände zugleich die gegenteilige Tendenz einer in höchstem Maße arbeitsteiligen Gesellschaft, vor allem in der Wirtschaft.

Bis zur industriellen Revolution bei uns in Europa konnten sich die Menschen, wenn sie nicht Kinder, Kranke oder Greise waren, weitestgehend selbst versorgen. Diese Zeiten sind nicht nur vorbei, die Situation hat sich sozusagen dramatisch zugespitzt. Ohne fremde Versorgung mit Strom, Wärme oder Nahrung funktioniert unser Leben nicht mehr. Selbst wenn wir uns nur von heimischen Früchten, Getreide und Gemüse ernähren würden. Auch die Singles im Großstadtdschungel sind oft nur deshalb Singles, weil es ihnen um besonders viele Sozial- oder oft auch Sexualkontakte geht. Oder um beruflichen Erfolg, der durch die singulären Lebensformen maximiert werden kann. Die empirischen Daten häufen sich, die belegen, dass die Freiheit einer Beziehungslosigkeit keine wirkliche Freiheit ist. Freiheit ist nicht schrankenlos und schon gar nicht beziehungsarm. Wie hat der brillante Denker Alexander Solschenizyn formuliert: Nur die freiwillige (Selbst-)Erziehung des Menschen zu klarer Selbstbeschränkung erhebt den Menschen über den Materialfluss der Welt.

Freiwilligkeit ist eben der Preis der Freiheit, und Ich-Aktivität ist etwas ganz anderes als Ich-Bezogenheit. Das bedeutet für mich, unsere Fähigkeiten und Fertigkeiten unseren Mitmenschen zufließen zu lassen. Das ist aus meiner Sicht der einzige Weg, unsere Individualität voll entfalten zu können.

Ich wünsche Ihnen viele gute Beziehungen, an denen Sie als Mensch wachsen.

11

Warum haben wir zwei Menschenbilder?

Einmal war ich Gast der Erich-Fromm-Gesellschaft, um den Mitgliedern meine Auffassung über die Möglichkeiten von Teilhabe und Teilnahme an unserer Gesellschaft durch ein Bedingungsloses Grundeinkommen darzulegen. Das war kein Zufall, denn der weltweit bekannte Psychoanalytiker Fromm hatte sich seit den 1950er-Jahren immer wieder für eine «steuerfinanzierte Sozialdividende als Teilhabe am wirtschaftlichen Wohlstand» für jeden ohne Bedingungen ausgesprochen.

Diese Überlegungen hat der Autor des Buches *Die Kunst des Liebens* am Rande beigesteuert; es ging ihm in erster Linie darum, die Grundlagen einer humanistischen Gesellschaft aufzuzeigen. Unermüdlich hat Fromm das Prinzip des maximalen Konsums gegeißelt und für einen optimalen, nachhaltigen und vernünftigen Konsum plädiert, zu dem sich die Menschen selbst erziehen müssten. Man habe sich zu einer Gesamtpersönlichkeit zu entwickeln, die sich selbst befähigt, den Nächsten zu lieben und dies demütig, mutig, ehrlich und diszipliniert zu tun.

Stellen Sie sich bitte vor, Sie gehen morgens mit diesem Vorsatz in den Tag. Mit einer konsumorientierten

Grundhaltung ist das nicht zu leisten. Aber auch nicht mit der Verprobung, eigenes Handeln danach auszurichten, ob etwas wahr oder falsch ist. Selbst wenn wir noch so sorgfältig und klug urteilen, reicht uns dieser Weltbezug nicht. Und auch die zusätzliche Orientierung an den Normen in der Gemeinschaft, also den verfassten Vereinbarungen, reicht nicht für eine gute Lebensführung. Wir müssen auch die sozialen Verhältnisse um uns herum, von der Familie bis hin zum entferntesten Punkt unseres Planeten, in unsere Lebensführung einbeziehen. Denn ob wir Schadstoffe ausstoßen oder Diktatoren zu Staatsbesuchen empfangen, in einer globalen Welt sind wir umfassend mitverantwortlich. Wer aber nur handelt, weil er sittliche Normen anerkennt, ist lediglich ein «Vollstrecker».

Wir müssen Normen und Werten daher stets sehr kritisch gegenüberstehen. Denn das letztendlich entscheidende Kriterium für unseren Umgang mit dem und den Nächsten gewinnen wir nur aus einer Einsicht, die wir als «Innere Wahrhaftigkeit» bezeichnen können. Unsere eigene Sittlichkeitsmaxime ist, erläuterte Rudolf Steiner in seiner *Philosophie der Freiheit*, verbunden mit der Liebe zur Handlung, die der Liebe zum Menschen entspringt. Für Fromm entspricht sie dem tiefsten wirklichen Verlangen, das in jedem menschlichen Wesen liegt.

Bei vielen Menschen tut man sich schwer, diese Veranlagung zu erkennen; bei sich selbst hat man in der Regel damit keine Probleme, in der eigenen

Wesenheit das Verlangen nach Verträglichkeit und Nächstenliebe zu entdecken. Es gibt aber für niemanden einen Grund, diesen inneren Antrieb bei anderen Menschen zu verneinen. Also gibt es keinen Grund für *zwei* Menschenbilder.

12

Ist heute mein Museumstag?

Sieht man sich als Teil der Weltbevölkerung mit derzeit rund sieben Milliarden Menschen und vergegenwärtigt sich, dass in diesem Jahr die Zahl der Menschen um zirka 80 Millionen steigt, also ein Mal Deutschland hinzukommt, dann könnte der Gedanke aufkeimen, dass es auf das eigene Tun nicht so ankommt.

Als Vater werden sie mit solchen Gedanken der Kinder bereits frühmorgens konfrontiert. Während ich diese Kolumne an Sie schreibe, bereiten sich Schüler der Freien Waldorfschulen, so auch meine Tochter, auf etwas für sie Neues vor: Eine Demonstration, weil die Politiker sich entschlossen haben, die Beteiligung der Gemeinschaft an der Erziehung der Kinder in nichtstaatlichen Schulen deutlich zu kürzen. Lehrer und Schüler der höheren Klassen wollen sich ganz demokratisch legitim durch eine Demonstration hier in Stuttgart äußern. Die Transparente mit Botschaften für die Politiker liegen bereit, sie sind mit viel Nachdenken und Diskussion liebevoll erstellt worden. Ein Gedanke nebenbei: Politiker und Wirtschaftsweise sind tatsächlich der Meinung, die Steuergelder müssten jetzt in Straßenbau statt in Bildung investiert werden, weil nur so ein schneller Aufschwung zu bewirken sei. Der Abschwung danach dauert dann umso länger!

Aber zurück zu meinem Kernthema, dem tagtäglichen Beitrag des Einzelnen zum Leben in dieser großen Weltgemeinschaft. Zahlen und Relativierungen können so sehr vom Wesentlichen ablenken, weshalb an Waldorfschulen wie an Staatsschulen wie überall Bildung immer auch als Herzensbildung vermittelt werden sollte. Denn diese entscheidet letztlich über das Wie und Warum des Miteinander und des Füreinander.

In einem kleinen Buch fand ich kürzlich einen interessanten Ansatz, meinen Kindern anschaulich zu vermitteln, dass es täglich auf sie ganz persönlich ankommt. Der Gedanke erscheint mir auch für die Frage nach der Lebensführung für Erwachsene sachdienlich und ist denkbar einfach: Ist heute ein «Museumstag»? Als Leserin oder Leser von *alverde* denken Sie jetzt vermutlich an Naturkundemuseen, die diversen Kunsthallen oder an eine Urlaubsbeschäftigung im Schifffahrt- oder Bergbaumuseum an Regentagen. Darum soll es nicht gehen.

Der «Museumstag» bezieht sich auf das eigene Leben und die eigene Tagesgestaltung. Hätten wir ein Familienmuseum und meine Tochter würde im Alter von 50 Jahren, also nach gerade einmal 18.250 Tagen, ihren Nachwuchs durch unser imaginäres Familienmuseum führen und von jedem Tag wäre ein Bild- oder Tondokument zu finden, dann könnte mein Kind ganz schön ins Grübeln kommen. Was ich nicht hoffe, denn das Leben liegt noch vor ihr und sie hat noch gute Chancen zum Gestalten ihres Daseins.

Aber wenn so ein heute 50-Jähriger in sein Museum geht: Was sieht und hört er – oder sie natürlich auch? Reihenweise Bilder im langen Flur von belanglosen Wochen, oder gar Tondokumente im Emotionenraum, auf denen harte, verletzende, demotivierende Worte gegen Familienmitglieder oder Kollegen zu hören sind. Aufnahmen von Shopping-Touren, die den Betrachter im Nachhinein fragen lassen, ob er im Jahr 2010 denn noch keinen Gedanken darauf verwendet hatte, ob das eigene Handeln sinnvoll für Mensch und Erde ist. Oder er muss beim eigenen Museumstag erstaunt und vielleicht auch verschämt feststellen, soziale, ökonomische und ökologische Nachhaltigkeit gar nicht gelebt zu haben.

Besuchern will man das dann wohl nicht alles zeigen. Oder? Aber wer heute 40 Jahre alt ist, der hat statistisch gesehen noch diese 18.250 Tage vor sich. Da könnte es beim 90. Geburtstag doch eine andere Bildstrecke mit anderen Tondokumenten geben, wenn in Zukunft jeder Tag ein «Museumstag» wäre. Dann könnte es sein, dass man gerne eine Führung im Familienmuseum macht, und dass der lange Flur kaum ausreicht für die Bilder – und für Besucher, die sich inspirieren lassen wollen von einem erfüllten, für andere wohltätigen Leben.

Meine Tochter wird vom heutigen Tag ein Foto vorfinden mit einem Transparent, auf dem sie die Politiker auffordert, mehr in Bildung, statt in Beton zu investieren. Es wird ein guter «Museumstag» für sie. Aber was ist mit der Familienpolitikerin, die dagegen argumentiert, oder mit dem Bürger, der sich im Auto darüber aufregt, dass er wegen der Demonstration zur Zukunft unserer Kinder einige Minuten warten muss? Hatten diese Menschen am Stuttgarter Bildungstag auch einen guten Museumstag?

Viele bewegte Museumstage wünsche ich Ihnen!

Jeder Tag könnte ein Museumstag sein.

13

Wollen wir
nur wir selber
sein?

Ob in Stuttgart, Berlin oder anderswo in Deutschland – überall und nur allzu oft wird Individualismus als Tun können, was man will, und Kaufen können, was man will, interpretiert. Als Händler weiß ich, dass viele Deutsche auch Kaufen können, wann man will als Indiz für gelebten Individualismus betrachten. Für viele ist sogar die Loslösung vom Glauben ein Indiz für praktizierten Individualismus, zumindest sollte sich jeder seine Art zu glauben ganz individuell aus dem Baukasten der Religionen zusammensetzen können. Diese Schein-Individualisten hat Rudolf Steiner hart kritisiert: «Dieser ist der von allen Normen befreite Mensch, der ... er selber und nichts weiter sein will – der reine und absolute Egoist».

Ist das übertrieben oder zu schwarzgemalt? Steiner konkretisiert: Ein absoluter Egoist sei der, «der nicht mehr Ebenbild Gottes, Gott wohlgefälliges Wesen, guter Bürger usw., sondern er selber und nichts weiter sein will». Wo religiöse Werte fehlen, um den Egoismus einzudämmen, da wird der Ruf laut nach weltlichen Normen, so wie beispielsweise in der Finanzkrise. Diese staatlichen Regulierungen funktionieren aber nicht. Kürzlich hat ein kluger Unternehmer bei einem

Treffen von Wirtschaftsführern gesagt, man brauche keine neuen Regelwerke und Sanktionen gegen egoistisches Wirtschaften, sondern man solle sich einfach an die Pflichten des ehrbaren Kaufmanns halten, ob man Geschäfte mit Kunden oder Zulieferern, Dienstleistern, Handwerkern oder auch mit Politikern macht.

Das Problem ist nur, dass die meisten Agierenden ihr Geschäft nicht mehr auf der Basis eines Immanuel Kant betreiben, der noch einen Jenseitsglauben hatte und daraus messerscharf ableitete, was gut und was schlecht ist. Auch die Ostergeschichte ist für die meisten Menschen kein Anlass mehr zum Nachdenken darüber, ob der gekreuzigte Christus die Idee der Eigenverantwortung eines jeden Menschen in die Welt gebracht haben könnte. Obwohl es genau darum geht bei der Menschwerdung. Das inhaltlich so bedeutungsvolle Fest um Kreuzigung und Auferstehung ist jedoch für die meisten Menschen nur mehr ein Anlass für einen Kurzurlaub oder zumindest für ein paar Tage zum Ausspannen vom Arbeitsalltag.

Man muss sich jedoch gar nicht vom Glauben her der Idee eines verantwortlichen Individualismus nähern, der weit über einen materiellen Individualismus hinausgeht, um zumindest eine Tür aufzustoßen für eine geistige Welt, die weit größer ist als die physikalisch materielle. Es gibt andere interessante Denkanstöße. Ich möchte nur zwei nennen. Ob man mit dem Schweizer Philosophen Peter Bieri darüber nachdenkt, dass mentale Phänomene im Physikalischen wirksam

werden beziehungsweise physikalische im Mentalen –
oder ob man den Denkanstoß des Malers Georg Baselitz aufnimmt, wenn dieser sagt, er müsse doch das
realisieren, was ihm in seiner Geisteswelt oder durch
Gedankenarbeit präsent wird. Der Philosoph wie der
Maler weisen über einen materiellen Individualismus – einen, der im Materiellen seinen Ursprung hat
und auch im Materiellen sein Ziel – weit hinaus. Wohl
deshalb ist Bieri auch als Romanschreiber unter dem
Namen Pascal Mercier so erfolgreich und Baselitz als
Maler weltweit berühmt. Sie kultivieren einen Individualismus, der seinen Ursprung und seine Erfüllung
im Nicht-Materiellen hat.

Nicht nur der Mensch Jesus Christus, sondern auch
Menschen wie Bieri und Baselitz machen daher Hoffnung. Denn sie machen deutlich, dass es neben der
materiellen Welt auch die geistige gibt. Und diese Menschen zeigen mit ihrem kulturellen Schaffen ebenso
wie viele andere Kulturschaffende, was wahre Individualität bedeutet: Dasjenige, was sie aus einer geistigen Welt hervorbringen mit demjenigen zu versöhnen, was aus der materiellen Welt an sie herankommt.
Dieses Versöhnen ist wahrer Individualismus, der nie
Gefahr läuft, egoistisch zu werden. Denn nicht nur die
Künstler können dem Rest der Menschheit von dem
geben, was sie aus der geistigen Welt höchst individuell hervorgebracht haben. Dass das jeder Mensch
kann, will uns die Osterbotschaft sagen.

Eine gedankenvolle Osterzeit wünsche ich Ihnen.

14

Lernen wir durch Einsicht oder Katastrophe?

In den Zeiten des Kalten Krieges haben viele sogenannte kluge Köpfe daran gearbeitet, die Welt vor einer Zerstörung durch Krieg zu retten, indem sie ganz konsequent die Doktrin «Frieden sichern durch Abschreckung» praktiziert haben. Altkanzler Schmidt, von Weizsäcker oder Genscher haben so wie die amerikanischen Politiker Kissinger oder Shultz mitveranlasst, dass ein hundertfacher Overkill, also eine hundertfache Zerstörung des Planeten, veranlagt wurde. Seit 1968 wollen die UN, die Vereinten Nationen, in die andere Richtung – und dennoch existiert mittlerweile genügend atomares Material, um 100.000 Atombomben der Hiroshima-Dimension abzufeuern. Jetzt, alt und weise, plädieren die ehemaligen Befürworter von Schmidt bis Shultz für eine Zukunft ganz ohne Atomwaffen – und US-Präsident Obama ist das Sprachrohr dieser neuen Einsicht. Die Furcht vor der Katastrophe wächst, die die Welt für nachfolgende Generationen unbewohnbar machen würde.

Dieser Gesinnungswandel lehrt uns zweierlei: Erstens, und das ist bei dem Beispiel besonders wichtig, dass wir bei kleinen Problemen durch Einsicht oder eine Katastrophe lernen können, weil auch nach der

Katastrophe eine Reparatur, eine Wieder-Gutmachung, möglich ist. Bei einem atomaren Desaster funktioniert Variante zwei, das Lernen durch die Katastrophe, jedoch nicht. Wir müssen also durch Einsicht lernen, um die Katastrophe unbedingt zu vermeiden.

Zweitens: Man kann nicht früh genug anfangen, damit es nicht zu spät ist. Denn zwischen 1968, dem ersten Anlauf für eine Nichtverbreitung von Atomwaffen, und 2010 sind mehr als 40 Jahre vergangen; und erst jetzt ist zu erwarten, dass sich nicht nur die Denkrichtung, sondern auch die Richtung im Handeln ändert.

Was die Nutzung unserer natürlichen Lebensgrundlagen angeht, haben wir, man kann sagen, seit Menschengedenken weltweit Bodenschätze entnommen, Wälder abgeholzt und brandgerodet um der Besiedelung willen, Wasservorkommen bis zum Versiegen der Quellen genutzt und die Luft, Flüsse und Ozeane stets als grenzenlose Müllkippe verstanden.

Wir haben aber auch im Umgang mit der eigenen Spezies Schindluder getrieben. Von den griechischen über die amerikanischen Sklaven bis zu den chinesischen oder auch osteuropäischen Wanderarbeitern haben die Menschen die Würde anderer Menschen nur allzu oft angetastet. Und jeder, der in «Humankapital» investiert, muss sich nach seinem Menschenbild fragen lassen.

Wir sind bei unserer Art des Wirtschaftens davon ausgegangen, dass man die Märkte dem freien Spiel der Kräfte überlassen müsse. Platzende Konjunkturblasen seien wie reinigende Gewitter, das unermüdliche Streben nach Gewinnmaximierung sorge für eine funktionierende Weltwirtschaft, der Reichtum der einen sorge für den Wohlstand der anderen und für ein Existenzminimum der Leistungsschwächeren.

Auf Nachhaltigkeit hin war das alles nie veranlagt, weder im Ökonomischen noch im Sozialen oder im Ökologischen. Dass alle drei Dimensionen miteinander zusammenhängen, diese Erkenntnis hat sich erst vor 18 Jahren durchgesetzt. In Rio de Janeiro, in Kyoto und zuletzt in Kopenhagen haben sich jeweils mehr als 10.000 Experten und Politiker aus aller Welt getroffen, um über die Folgen des nicht-nachhaltigen Handelns zu beraten und die Wende herbeizuführen, weil man begriffen hat, dass sich die Katastrophe auf leisen Sohlen heranschleicht und nicht durch einen unüberhörbar lauten Knall wie bei den Bomben.

Für uns war es deshalb umso überraschender, dass viele Menschen mit dem Wort «Klimakatastrophe» etwas anfangen konnten, aber beim Erklären des Begriffes «Nachhaltigkeit» in Not geraten sind.

Es muss also etwas getan werden, um die Menschen besser zu informieren, denn ohne Information sehen viele auch keine Veranlassung zum Handeln. Wir haben uns bei dm entschieden, unsere Potenziale zu nutzen. Täglich kommen mehr als eine Million Menschen zu uns, unser Kundenmagazin *alverde* nehmen mehr als eine Million Menschen mit. In den Märkten und in den Medien wollen wir so intensiv wie möglich auf das Thema *Nachhaltigkeit* hinweisen.

15

Interessiert uns das Glück der nächsten Generation?

Die Artenvielfalt mag ja erhalten bleiben, wenn sich Millionen Ferienurlauber entschließen, zu Hause zu bleiben, die Lebenserwartung in Billiglohnländern steigen, wenn wir Kaffee aus fairem Handel trinken und keine Kleidung mehr kaufen, die von Kindern etwa in Bangladesch für einen Hungerlohn produziert wird, und die Volkswirtschaften bleiben intakt, wenn Investmentbanken nicht mehr durch Spekulation und politische Mandatsträger durch Korruption das Gemeinwohl aufs Spiel setzen. Hören wir nicht immer, dass wir diese Nachteile in Kauf nehmen müssen, um ein gutes und sicheres Leben führen zu können?

Je mehr wir über den Zustand der Welt wissen, je klarer uns die Verschwendung, Veruntreuung, Ausbeutung, Verunreinigung oder Zerstörung vor Augen geführt wird, desto lauter wird die Forderung nach nachhaltigem Handeln. Zumeist verbinden die Menschen mit Nachhaltigkeit eine Handlung, die im sozialen, wirtschaftlichen oder ökologischen Kontext stattfindet. Nachhaltigkeit ist jedoch ein sperriger und diffuser Begriff. Und er ist latent negativ besetzt. Man sieht, wenn von Nachhaltigkeit die Rede ist, den erhobenen Zeigefinger stets vor sich oder den Zeigefinger, der auf den Missetäter deutet, der ohne das Abschätzen der Folgen und Risiken handelt. Schlimmer noch: Beim Wort Nachhaltigkeit schwingt individuelle Einschränkung und kollektive Askese zugleich mit.

Zur Beschwerlichkeit des nachhaltigen Weges gesellt sich die Ferne des Ziels für die Mitglieder einer Wohlstandsgesellschaft, die es gewohnt sind, über ihre Verhältnisse zu leben, getrieben vom Wunsch nach «schneller, höher, weiter». Was jedoch bedeutet, dass wir derzeit dem Trieb mehr folgen als der Einsicht.

Wenn wir Nachhaltigkeit nicht negativ, sondern positiv denken wollen, dann dürfen wir sie nicht als konzeptionelle Veranlagung zur Gestaltung des Mangels an natürlichen Ressourcen und der menschlichen Unzulänglichkeiten denken, sondern Nachhaltigkeit als Ideal zur Gestaltung eines besseren, erfüllteren, durchdachteren Lebens.

Der Medizinsoziologe Aaron Antonovsky hat vor Jahren in Israel bei der Untersuchung von älteren Immigranten eine interessante Entdeckung gemacht: Manche Menschen bleiben leichter gesund beziehungsweise genesen schneller als andere.

Es sind Menschen, die sich die Mühe machen, die Welt zu verstehen, die das Gefühl haben, Probleme meistern zu können, und die – was als dritte Komponente unbedingt nötig ist – ihr Leben als sinnvoll empfinden können. Diese Menschen sind zumeist widerstandsfähiger gegenüber Krisen, Unheil und Verletzungen. Dieses erstrebenswerte Ideal hat Antonovsky als Kohärenzgefühl, die Idee als Salutogenese, als Entstehungsmodell von Unverletztheit, Heil und Glück bezeichnet.

Menschen, die sich an dieser Idee eines sinnerfüllten Lebens orientieren, werden sich in ihrem wirtschaftlichen, sozialen und ökologischen Handeln neu positionieren. Sie werden nach mehr Wohlbefinden streben und nicht nach immer mehr Wohlstand. Nachhaltigkeit ist das erweiterte Ideal der Kohärenz, weil Nachhaltigkeit die Glücks- und Überlebensbelange der nachfolgenden Generationen genauso berücksichtigt wie die eigenen, individuellen.

16

Haben Sie Visionen, Subvisionen oder gar nichts davon?

Helmut Schmidt soll einmal gesagt haben: «Wer Visionen hat, sollte zum Arzt gehen.» Politiker sind geübt darin, mit kernigen Sprüchen zu imponieren. Und für Visionen scheinen sie heutzutage keine Zeit mehr zu haben. Oder sie haben – wie man umgangssprachlich in unserer Gegend sagt – gerade nicht den Kopf dazu. Es wäre aber doch so wichtig, dass Menschen, die in unserem Land deutungs- und handlungsmächtig sind, ihre Vorstellungskraft entfalten, statt sich ständig im Klein-Klein des Reparaturbetriebes zu verlieren. Denn es ist nur scheinbar richtig, bezifferbare Kürzungen der verschiedenen Ministerienhaushalte als etwas Konkretes zu betrachten und Visionen als abstrakt abzutun. Als ich vor vielen Jahren meine Vision formulierte, ein flächendeckendes Netz von Drogeriemärkten aufzubauen, da war das sehr konkret für mich – und es ist heute auch konkret für Tausende von Kolleginnen und Kollegen und Millionen von Kunden.

Visionen sind eine deutliche Offenbarung von Vorstellungskraft oder – anders gesagt – werden nur möglich durch die Kraft zur Vorausschau. Man kann eine gewisse Gabe hierzu haben, man kann, wie dies auch bei anderen Kräften der Fall ist, diese trainieren und stetig stärken. Es beginnt damit, immer wieder Gewordenes mit Blick auf Werdendes zu hinterfragen, und es ist zwingend notwendig, die eigene Wahrnehmung des Bestehenden unablässig zu üben und zu schärfen. Sonst basieren Visionen auf Illusionen und wurzeln nicht, sondern schweben haltlos im Raum.

Wenig zweckdienlich ist es, Visionen zu datieren. Auch wenn eine Agenda 21 als Ergebnis der Klimakonferenz in Rio den Beteiligten eine brauchbare gemeinsame Zielvorstellung verschafft hat, wie die Erde nachhaltig bewohnt werden kann, können 100 Jahre viel zu lang oder viel zu kurz sein. Ob man sich selbst mit gesetzten Daten in Zugzwang bringt oder Versäumnisse provoziert oder ob andere dies tun – man verliert Freiheit.

Bei aller Konkretheit vertragen Visionen kein zeitliches Limit. Sie sind nicht mehr und nicht weniger als ein klarer Anhaltspunkt für das, was wir in unserem Leben unternehmen wollen und wofür wir unser Leben nutzen wollen. Was mir bei der Ausrichtung meines Handelns auf meine Vision geholfen hat, waren Sub-Visionen wie beispielsweise die des papierlosen Geschäftsbetriebes. Man benötigt viele dieser Sub-Visionen als erreichbare Etappenziele, weil sie Mut machen und eine Art Verprobung darstellen.

Den Regierenden hierzulande traue ich durchaus zu, sich der großen Vision einer Ressourcen schonenden, die Biodiversität erhaltenden, zugleich Lebensqualität steigernden und den sozialen Zusammenhalt organisierenden Nachhaltigkeitspolitik deutlich bewusst zu sein. Es gibt aber Indizien dafür, dass für die Etappen-Visionen die Non-Profit-Organisationen, Verbände und Unternehmen zuständig sind – und das ist nicht gut so.

Die Politiker sind gleichwohl gefordert, wenn es um Sub-Visionen und um die Wege zu deren Verwirklichung geht. Wo Politiker sich dieser Anforderung versagen, sollten die Bürger bei ihren gewählten Vertretern Pflichterfüllung anmahnen. Weil wir unsere Erde nachhalten müssen.

17

Brauchen wir eine neue Wirtschaftsordnung?

* Buchtipp: Götz W. Werner und Adrienne Goehler, 1.000 Euro für jeden. Freiheit, Gleichheit, Grundeinkommen, Econ Verlag.

Viele von Ihnen, liebe Leserinnen, liebe Leser, sind mit meinem Kernanliegen vertraut, dem ich mich widme, seit ich nicht mehr als Vorsitzender der Geschäftsführung von dm-drogerie markt für die operative Führung des von mir gegründeten Unternehmens verantwortlich bin. Ich setze mich intensiv für die Einführung eines bedingungslosen Grundeinkommens in Deutschland ein. Das hat viele Diskussionen entfacht über die Machbarkeit, insbesondere gibt es Einwände hinsichtlich der Finanzierbarkeit.

Durch meine zahlreichen Vorträge und Lesereisen[*] erlebe ich diese Einwände weniger von Bürgern, als von sogenannten Meinungsbildnern, also Politikern und Funktionären. Erstaunlicherweise erweisen sich diese Kritiker allzu oft als relativ unwissend, weil sie mit wichtigen Eckdaten wie dem Bruttosozialprodukt, den Gesamtausgaben für privaten und öffentlichen Konsum oder dem Gesamtvolumen aller Sozialtransfers überhaupt nicht vertraut sind. Die Angst vor Neuem, das Verharren in Bekanntem, die Absicherung der eigenen Position scheinen die Motive zur Ablehnung zu sein, nicht das Wissen um Zahlen, Fakten, Folgen, Chancen, Risiken.

Mehr und mehr Bürger in Deutschland melden deshalb Bedenken an der bestehenden Ordnung an. Das Meinungsforschungsinstitut Emnid hat im Auftrag der Bertelsmann-Stiftung eine Umfrage durchgeführt, die zu einem sehr erstaunlichen Ergebnis führte. Da Institut und Stiftung keine umstürzlerischen Vereinigungen darstellen, verdient das Ergebnis größte Aufmerksamkeit: Der Umfrage zufolge wünschen sich 88 Prozent der Deutschen eine neue Wirtschaftsordnung, weil die derzeitige weder für einen «sozialen Ausgleich in der Gesellschaft», noch für den «Schutz der Umwelt» und auch nicht für einen «sorgfältigen Umgang mit den Ressourcen» sorge.

Wir waren daher nicht überrascht, als eine fast parallele Befragung von 2.000 Bundesbürgern ein ebenso erstaunliches Ergebnis zutage förderte: Der Ökonom Prof. Friedrich Schneider, der sich seit Jahrzehnten mit dem Arbeitsmarkt in Deutschland beschäftigt, fand durch seine Befragung heraus, dass sich mehr als die Hälfte aller Deutschen für ein bedingungsloses Grundeinkommen ausspricht. Die Bürger sehen keinen Sinn mehr darin, Strukturen aufrechtzuerhalten, die auf Methoden setzen, durch die fortwährend Probleme verursacht werden. Und die Bürger glauben den Verantwortungsträgern nicht mehr, die behaupten, man könne die Probleme innerhalb der bestehenden Strukturen mit den Methoden lösen, die die Probleme verursacht haben.

Dieses Fortschreibungsmodell darf keine Zukunft

haben, weil es keine Zukunft hat. Bei dm handeln wir nach dem Arbeitsprinzip, das Gewordene zu hinterfragen, es umzudenken, das Neue zu kreieren und in den bestehenden Prozess zu integrieren. Es geht uns darum, einen evolutionären Prozess anzustoßen, der der Gemeinschaft eine Zukunftsperspektive gibt. Diese Vorgehensweise brauchen wir auch für unsere Gesellschaft. Um das zu erreichen, bedarf es mehr als nur des Unbehagens von 88 Prozent der Bevölkerung, es bedarf der aktiven Beteiligung. Dazu muss und kann jeder beitragen. Bei dm haben wir uns deshalb dafür entschieden, für weitere drei Jahre die UNESCO bei ihrem Dekadeprojekt «Bildung für nachhaltige Entwicklung» zu unterstützen. Damit dm solche Aufgaben auch in Zukunft leisten kann, habe ich als Gründer meine Anteile am Unternehmen in eine Stiftung eingebracht, die dafür sorgen soll, dass das Unternehmen dm in seiner Substanz weiter gestärkt wird. Und auch für die Verwendung etwaiger Überschüsse ist gesorgt. Sie werden für Erziehung, Bildung und Forschung verwendet.

Erziehung, Bildung und Forschung sind notwendig, um neue Methoden zu entwickeln, die eine nachhaltige Entwicklung der Gesellschaft sichern – also ein Hin zu mehr sozialer Gerechtigkeit, zu einem ressourcenwahrenden, ökologischen Gleichgewicht und zu ökonomischer Sicherheit für alle Menschen. Das ist nicht nur eine Menschheitsaufgabe, sondern eine Aufgabe, der sich jeder Einzelne verpflichtet fühlen sollte.

18

Warum lügt
Geld?

Geld ist ein Tauschmittel, das von den Menschen erfunden wurde, um den Austausch von Produkten und Dienstleistungen zu erleichtern. Irgendwo in Kleinasien an der türkischen Mittelmeerküste sollen vor rund 3.000 Jahren kluge Vorfahren von uns auf die Idee gekommen sein, die Tauschwirtschaft zu vereinfachen durch die Zwischenschaltung von Münzen. Von den alten Römern wird bereits berichtet, dass sie innerhalb des Reiches für stabile Wechselkurse sorgten, wenn sie das Prägerecht für Münzen an die jeweiligen Statthalter vergeben hatten. Diese wiederum hatten dafür zu sorgen, dass ihr Geld durch die Produktion in ihrem Machtbereich gedeckt war, dass also für das Geld ein realer Gegenwert existierte.

Seit Christi Geburt haben alle Beteiligten über die Jahrhunderte bis 1914 so getan, als habe die Geldwirtschaft eine Rückdeckung in der Realwirtschaft. Doch eine reale Rückdeckung der Währungen durch Gold und Güter existierte nur zum Schein. Denn bei genauerer Betrachtung zeigt sich: Bereits vor 2.000 Jahren wurde diese reale Rückdeckung des Geldes aufgeweicht. Manche Statthalter schätzten die eigene Wirtschaftsleistung zu hoch ein, um nonchalant die

Geldmenge durch zusätzliche Münzprägungen erhöhen zu können. Bereits um diese frühe Zeit geschieht die Loslösung des Geldes von der Realwirtschaft, aber nur sehr partiell. Dieses Abstraktwerden des Geldes, also der Bezugsverlust zur Produktion, fiel kaum auf, weil Geldmenge und Gütermenge durch Gebietserweiterungen, zum Beispiel durch Eroberungen, wieder gleichziehen konnten. In die soziale Ordnung zog aber, ganz unmerklich, die Herrschaft des Geldes ein. Rudolf Steiner sagte dazu: Geld beginnt zu lügen.

Global gesehen herrschte aber in dieser frühen Phase der Menschheit die Tauschwirtschaft, basierend auf dem System der Selbstversorgung. Zu dieser Selbstversorgung gehörte selbstverständlich der Generationenvertrag, der ein Horten von Geld unnötig machte. Die Menschen lebten in Großfamilien beziehungsweise Familienstämmen, ein Generationenvertrag war selbstverständlich und verpflichtend. Rücklagen zu bilden für das Alter, Vermögen anzuhäufen, um eine spätere Fremdversorgung finanzieren zu können, war weltweit bis ins späte Mittelalter unnötig, sogar verpönt. Und Rücklagen zu verleihen und dafür einen Zins zu verlangen, galt als «Wucher».

Mit der Industrialisierung, der Urbanisierung und der Kleinfamilie kam die große Wende. Die Alten wollten und mussten Geld auf Vorrat anlegen, weil sie sich auf die Jungen nicht mehr verlassen wollten und konnten. Milliarden Rücklagen suchen deshalb heute weltweit nach Anlage, dazu nach Verzinsung. Durch die globale Dimension dieser nach hochverzinslicher Anlage suchenden gewaltigen Rücklagen wird die Loslösung des Geldes von der realen Wirtschaft allen deutlich.

Fakt ist: Vermögenseinkommen wachsen seit Jahren schneller als Einkommen aus Arbeit. Hier herrscht ein Ungleichgewicht: Milliarden Menschen brauchen Arbeit, weil sie Einkommen aus dieser Arbeit benötigen, das Geld dagegen kann warten. Ich kämpfe deshalb für ein Grundeinkommen, weil ein Einkommen für jeden geeignet ist, den Bezug zwischen Realwirtschaft und Geldwirtschaft wiederherzustellen.

Ganz aktuell hat Bernhard Steiner, nicht verwandt oder verschwägert mit seinem Namensvetter Rudolf, ein interessantes Buch dazu verfasst. In *Geld und Karma* trägt der Autor Fakten und Argumente zusammen. Bernhard Steiner spannt den Bogen notwendig weit. Da er als Christ im Geld auch die Verführung durch geistige Kräfte wirken sieht, die den Menschen schaden wollen, fordert er eine Neuordnung des Geldwesens, das sich wieder an der Realwirtschaft orientieren soll. Darin sieht er eine zutiefst christliche Aufgabe, weil eine derartige Neuordnung selbstlose Individuen braucht, statt hortender Egoisten. Ich kann ihnen diese kleine Lektüre sehr empfehlen.

19

Hat jedes Leid einen Namen?

Der sehr feinfühlige Schriftsteller Max Frisch hat einmal gesagt, man schreibe nicht für die Sterne. Auch ich nicht. Ich schreibe für Sie. Und hoffe sehr, dass es mir gelingt, im Sinn von Frisch zu schreiben. Max Frisch differenziert nämlich zwischen denen, die den Leser als Publikum betrachten und denjenigen, die im Leser einen Partner sehen.

Vielleicht gelingt es mir, viele von Ihnen zu einem Partner bzw. zu einer Partnerin im Geiste zu machen für eine Einsicht, die mich seit einigen Wochen besonders bewegt. Eine sehr engagierte Frau, sie heißt Ute Krämer und arbeitet mit ihrem Projekt in der Favela Monte Azul in São Paulo, hat einen Satz gesagt, der mich sehr nachdenklich gestimmt hat: «Jedes Leiden hat einen Namen.» Das sind nur fünf Wörter, in einem großen Zusammenhang geäußert. Sie sollen und können uns nicht verdeutlichen, unter welch widrigen Bedingungen Menschen, Erwachsene und vor allem Kinder, ihr Dasein in den Blechhütten einer Favela in der brasilianischen Metropole fristen. Diesen ungeeigneten Schauplatz für so viele menschliche Biografien hinreichend zu beschreiben, kann und soll dieser Satz nicht leisten.

Diese dürren Worte haben das Zeug, viel mehr auszudrücken, wenn wir ihn mit produktiver Empfänglichkeit aufnehmen. Er spricht unser Fühlen an und fordert uns auf, es mit unserem Denken zu durchdringen. Die Worte lassen uns mitfühlen, sie lassen uns an ganz konkretes Leiden denken, sie eröffnen uns darüber hinaus die Chance, von diesem Konkreten mitfühlend zu abstrahieren. Ich musste, als ich die Worte hörte, wieder einmal an ein Gespräch mit der Arbeitsmarktforscherin Prof. Jutta Allmendinger denken, das vom evangelischen Magazin *Chrismon* organisiert wurde. Damals haben mich wenige Worte ebenso betroffen gemacht. War es bei Frau Krämer das Mitgefühl, dann war es bei Frau Allmendinger das Fehlen genau dieses Mitgefühls, als sie lapidar feststellte: «Aufs Ganze gesehen bedeutet eine Arbeitslosenquote von drei Prozent Vollbeschäftigung.»

2.900.000 Menschen, denen unser reiches Land keine Möglichkeit bieten kann, durch Arbeit für andere an einer gesellschaftlichen Entwicklung teilnehmen zu können, eine riesige Schar von Erwachsenen, die ihren Kindern kein eigenes Lebenszeugnis geben können, die ihren Vätern und Müttern durch Arbeitslosigkeit vor Augen führen müssen, dass diese Eltern versagt haben könnten bei der Erziehung ihrer Kinder.

Bloßes Vegetieren, ohne frei gewählte Arbeit für andere, ist sinnentleertes Leben. Verordnete oder erzwungene Arbeit, beschönigend «Fördern durch Fordern» genannt, ist letztendlich Zwangsarbeit und kann keinen Sinn stiften. Zwangsarbeiten wie Vegetieren schafft Leiden. Wir müssen uns höchstpersönlich schuldig fühlen für jedes Leiden, an dessen Verhinderung oder Behebung wir nicht mitwirken.

Wir haben die Wahl: Gewähren wir allen Bürgern durch ein bedingungsloses Grundeinkommen eine Teilhabe am Wohlstand dieser Nation und damit die Voraussetzung für eine Teilnahme durch gewollte Arbeit oder favorisieren wir Hartz IV wie viele Politiker oder Wissenschaftler.

Die *Frankfurter Allgemeine Zeitung* schreibt, dass mit einem Grundeinkommen, welches nicht an Bedingungen geknüpft ist, «die gering entlohnten, einfachen Arbeiten dann nicht mehr gemacht werden». Ich empfinde es als Schande, wenn Wissenschaftler, Politiker und Journalisten nicht mitwirken wollen an einer Gesellschaft, die jedem einen Schauplatz bietet, um sich als Entwicklungswesen zu beweisen.

Wirken Sie bitte aktiv daran mit, Teilhabe und Teilnahme zu ermöglichen. Dann werden Sie sehr rasch spüren: Nicht nur jedes Leiden, sondern auch jede Freude hat einen Namen. –

20

Soll nur essen, wer arbeitet?

«Die ersten Erfordernisse zum irdischen Glück sind doch – nächst Gesundheit und reinem Gewissen – ein friedliches sicheres Obdach und Gelegenheit, zu erwerben, was notwendig zu einem, wenn auch nur dürftigen Lebensunterhalte erfordert wird.» Diesen Satz fand ich in einer kleinen, wenig bekannten Schrift von 1834 des Kammerherrn Carl von Lehsten *Über die Aufhebung der Leibeigenschaft in Mecklenburg, deren günstige und ungünstige Folgen, nebst Vorschlägen zu Ausgleichung der letzteren.*

Sie ahnen vermutlich seine Pointe: Irdisches Glück, sicheres Obdach und selbst der dürftige Lebensunterhalt wurden durch die in Mecklenburg 1820 erfolgte Aufhebung der Leibeigenschaft aufs Spiel gesetzt. Zerriss doch damals das «Band des Wohlwollens und der Theilnahme auf der einen, wie der Treue und des Diensteifers auf der anderen» Seite. Aus dem Dienstherrn wurde ein kurzfristig kalkulierender Arbeitgeber. Und aus dem Leibeigenen ein Tagelöhner, dem alljährlich zu Martini Arbeit und Unterkunft gekündigt werden konnten. Mit der «Auswerfung» aber drohte der Verlust jeglicher Existenzgrundlage.

Sicher, eine Verteidigung der Leibeigenschaft wirkt

heute höchstens amüsant. Aber ihre wechselseitigen Dienst- und Versorgungspflichten lassen sich ja durchaus als eine Form sozialer Grundsicherung betrachten, wie sie einer Gesellschaft agrarischer Selbstversorger angemessen war. Wenn mit Aussaat, Ernte und Lagerung die Arbeit getan war, schuldete der Herr dem Knecht und dessen Familie gleichwohl Unterkunft und Verpflegung. Das Ende der Leibeigenschaft war deshalb nicht nur eine soziale Revolution mit enormen Freiheitsgewinnen, sondern zunächst auch mit großen Verwerfungen – füllten sich doch im Winter regelmäßig die Armenhäuser.

«Etwaige Regungen des Mitleids» beschwichtigte man auch damals mit seltsam vertraut klingenden Gründen. Sind nicht «viele selbst Schuld an ihrem Unglück, indem sie Pflicht und Treue gegen ihren Dienstherrn verletzten, sich dem Müssiggang oder Trunke ergaben»? Verweigern sich nicht immer die Gleichen jedem «Unterkommen, das ihnen die Verbindlichkeit zu unausgesetzter bestimmter Arbeitsamkeit auflegt»? Verlassen sich nicht allzu viele selbstverständlich auf das, was «die Local-Armenanstalt ihnen reichen muß»?

Dieses trostlose Menschenbild ist erstaunlich resistent gegen jeden sozialen und ökonomischen Wandel. Dass nur essen soll, wer auch arbeitet, ist nämlich nicht die Botschaft des Apostels Paulus. Es ist das rabiat formulierte Grundprinzip jeder Agrargesellschaft. Wer zu faul ist seinen Acker zu bestellen, der kann nicht ernten. Doch in einer Gesellschaft, in der es keine Äcker mehr zu bestellen gibt, sondern die einfachsten Güter des täglichen Lebens gekauft werden müssen, braucht jeder Mensch ein Einkommen.

Die Sicherung der physischen Grundbedürfnisse und einer angemessenen gesellschaftlichen und kulturellen Teilhabe aller Bürger wird in der nachagrarischen, nachindustriellen Gesellschaft zu einer gesamtgesellschaftlichen Aufgabe. Die Zahlen des Statistischen Bundesamtes belegen unzweifelhaft: Von 47,1 Mio. Haushalten zahlen 23,5 Mio. keine Steuern. Nur rund 38 Prozent der Bundesbürger verdienen selbst Geld. Davon etwa 1,3 Mio. Menschen leider so wenig, dass es nicht einmal zum Leben reicht und durch ALG II aufgestockt werden muss. Offiziell 2,4 Mio., tatsächlich vier bis fünf Millionen Menschen suchen einen Arbeits- oder Einkommensplatz, finden aber keinen.

Das «Band des Wohlwollens und der Theilnahme auf der einen, wie der Treue und des Diensteifers auf der anderen» Seite gehörte zum feudalistischen Menschenbild von Herrschaft und Knechtschaft. Unsere demokratische, soziale Marktwirtschaft ist wohlhabend genug, um jedem Bürger ohne Zwangsarbeit Gesundheit und ein friedliches und sicheres Obdach zu gewähren. Wir müssen es nur wollen.

21

Ist Egoismus die Folge von Individualismus?

Wir befinden uns seit rund 100 Jahren in einer Schwellensituation der Menschheitsgeschichte. Die Orientierung an der Gemeinschaft, an der Gruppe, am Staat, am Kollektiv verliert Jahr für Jahr, ja Tag für Tag an Bedeutung, in den Vordergrund tritt die Selbstführung. Selbstthematisierung, die Suche nach Identität und das Streben nach Selbstähnlichkeit gab es immer. Sie standen gelegentlich im Zentrum des Erkenntnisinteresses einzelner, aber es gab nie Millionen von Menschen, die diese Selbstbezüglichkeit zum Ausgangspunkt ihrer Lebensgestaltung machen wollten. Heute erscheint es uns bereits alltäglich, dass die Idee der Individualität sich als individuelle Lebensführung umsetzen muss und will. Das bringt Absonderlichkeiten der Selbstinszenierung hervor wie Dschungel-, Koch-, Model- und Superstar-Contests in einer säkularisierten Spaßgesellschaft, es führt aber zum Glück auch zu mutigen Schritten in eine unternehmerische Selbstständigkeit oder zu menschenorientierten Ehrenämtern. So manches Individualitätsstreben findet nur in den Köpfen und oft nur im Privaten statt.

So sehr die Menschen in Europa ihre Individualisierung vorantreiben, so sehr erstaunt sie dies in anderen Weltregionen. Diese Verblüffung offenbarte sich in den Kommentaren über Tunesien, Ägypten und andere Staaten im Nahen Osten und im Norden Afrikas. Die Kommentatoren vermuteten die Ursache für das Freiheitsstreben bei Exilregierungen, im Untergrund, bei radikalen Muslimen und sogar in der Anwendung von neuen Wahrnehmungsplattformen wie Facebook oder Twitter. Man denkt hier nur umgekehrt zu den Diktatoren, die meinen, sie könnten mit dem Abschalten der Plattformen das wachsende Selbstbewusstsein eliminieren.

Wie so oft werden die Symptome für die Ursache gehalten, weil zuvor Umstürze aus dem Exil vorbereitet wurden, weil religiöse Fanatiker sich durchsetzten, weil macht- oder geldgierige Potentaten putschten, Statthalter von Supermächten installiert wurden oder technische Neuerungen den Ausschlag gaben für Sieg oder Niederlage. Das Ende ist offen, im abendländischen wie im morgenländischen Individualitätsstreben. Hierzulande besteht die Gefahr, dass das Streben fehlgeleitet in oberflächlicher, substanzloser Selbstinszenierung mündet, im Egoismus statt im Individualismus. In den Schwellenländern, und ich meine damit nicht die wirtschaftliche, sondern die geistige Dimension, bedrohen religiöse Eiferer den Individualisierungsprozess, weil dieser das Ende autoritärer und feudalistischer Herrschaft bedeuten würde. Sie verteufeln deshalb Individualismus als Egoismus.

Die Französische Revolution hat gezeigt, dass es noch nicht reicht, wenn einige wenige Freiheit denken können und die Massen zu instrumentalisieren vermögen. In vielen Menschen, in den Bürgern, muss das Wesen der Freiheit und das Bewusstsein für die Möglichkeit eigener Souveränität Einzug gehalten haben. Die Ursache für Individualismus ist die unstillbare Sehnsucht zur Gestaltung der eigenen Biografie.

Joachim Gauck, Seelsorger, Bürgerrechtler, Publizist und Bundespräsident, sagte einmal mit Bezug auf die Bibel, wir hätten eine Gabe: Wir dürften Freiheit als Verantwortung leben. Diese Gabe ist Aufgabe. Wir müssen jeder für sich und immer für andere die Zukunft unternehmen wollen.

22

Was unterscheidet Gammelfleisch von Schrottanleihen?

Jede Zeit hat ihre Herausforderungen. Es entwickeln sich Phänomene, die die Menschheit vorher so nicht kannte – gute wie schlechte. Seit Menschengedenken wird gekämpft und gespielt. Gemeint ist kein Kinderspiel, sondern der Zeitvertreib erwachsener Menschen. Spielen zu wollen, gehört wohl zu den menschlichen Leidenschaften – und aus diesen Leidenschaften wird rascher als gedacht eine Sucht mit erfreulichem oder bitterem Ende, je nachdem, ob man Gewinner ist oder Verlierer. – In Zeiten, in denen man noch leicht zwischen Bank und Spielbank unterscheiden konnte, gab es Schutzmechanismen für Suchtgefährdete. Man musste reales Geld in Spielgeld umtauschen oder verbot das Glücksspiel in der eigenen Stadt. Dennoch haben viele Menschen nicht nur ihr eigenes Hab und Gut verspielt, sondern auch das Geld Dritter. In den Kasinos aber, von Baden-Baden bis Las Vegas, gewann und gewinnt auf lange Sicht immer nur einer: die Bank. Insofern wundert es nicht, wenn die Deutsche Bank in Las Vegas eine Spielbank erworben hat. Vielleicht tat man es aus der Erkenntnis heraus, dass Erträge aus Spielbanken sicherer sind als aus Investmentbanken. Das passt also, ökonomisch zumindest.

Ob die Beteiligung an einer Spielbank gesellschafts-
politisch eine kluge Investition war, wage ich zu be-
zweifeln. Vielleicht zähle ich aber mittlerweile zu einer
Minderheit von Menschen, für die einer Spielbank etwas Unseriöses anhaftet und für die eine Bank Garant
für Seriosität sein sollte.

Die Bankenwelt zeigt sich gerade erstaunt über einen Münchener Kollegen. Einen «Risk Manager», der
rund 50 Millionen Euro auf seinem Konto hat, deren
Herkunft völlig unklar ist. 50 Millionen sind in der Finanzwelt keine große Summe. Laut der US-Finanzauf-
sicht verdienten die Mitarbeiter von Goldman Sachs
durchschnittlich 750.000 Dollar im Jahr, 25 Hedge-
fondsmanagern messen die amtlichen Statistiker min-
destens eine Milliarde Dollar Jahreseinkommen zu.

Das einzig Unangenehme an dem deutschen Banken-
vorstand ist, dass er falsch gespielt haben soll; seine
Millionen soll er als Bestechungsgeld erhalten haben.
Als legal gilt dagegen das, was wir heute unter «Finanzkrise» subsumieren. Statt von Finanzkrise sollte
aber besser von einem «Bankenskandal» gesprochen
werden, denn Begriffe sollten die Phänomene beim
richtigen Namen nennen und nicht verschleiern. Die
Ursache ist unstrittig: Amerikanische Banken haben
Millionen ambitionierte Häuslebauer in den USA in
Schulden getrieben, weil sie daran verdienten; dann
haben sie gute, schlechte und ganz schlechte Kredite
gebündelt und am globalen Finanzmarkt verschachert.
Nicht zuletzt Banken aus Europa haben mit dem ihnen

anvertrauten Ersparten von Millionen Menschen solche Mischpakete gekauft, diese zum Teil neu gemischt und wieder damit gehandelt. Alle wollten mitspielen, um für ihre Institute und via Erfolgsbeteiligung selbst zu gewinnen.

Wir Drogisten gehören zum Lebensmittelhandel. Wenn ein Fleischkonzern frisches, altes und vergammeltes Fleisch mischen, es schön verpacken und unter die Leute bringen würde, oder die Händler, die das merken, nochmals umverpacken oder zu Wurst verarbeiten, um die verdorbenen Produkte loszuwerden – dann würde jeder nach deutschem Recht strafrechtlich verfolgt und zu Recht verurteilt.

Stellen Sie sich bitte vor, alle Fleischvermarkter würden Gammelfleischpakete untereinander hin und her schieben, glänzend daran verdienen, blieben aber am Ende auf dem wertlosen Zeug sitzen. Und dann würden sie alle für «systemrelevant» erklärt, weil nur sie die Versorgung mit Nahrungsmitteln sicherstellen können, man würde von «Handelskrise» sprechen statt von «Fleischskandal», der Staat würde Milliarden zahlen, damit alle weiterspielen können und das Spiel begänne von vorne. So, wie beim Bankenskandal – denn die von den US-Statistikern ermittelten Jahresgagen stammen nicht etwa aus der Zeit vor dem Skandal, sondern aus dem Jahr danach.

Seriöse Geschäftspartner wünsche ich Ihnen.

23

Wann ist Gewinn nicht alles?

Wenn ich an Kongressen und Veranstaltungen teilnehme, dann begegne ich vielen Menschen, die sich selbst in Aufbruchstimmung erleben. Sie wollen sich, oft gut gebildet und bestens vernetzt, am Entstehen einer «Besseren Welt» beteiligen. Besser bedeutet, Mängel beseitigen zu wollen. Also besser als die jetzige Welt, weil ihnen das heutige Wirtschaftsleben die sozialen und ökologischen Belange noch nicht ausreichend berücksichtigt. Besser auch, weil die heutige Welt nach ihrer Ansicht der Entfaltung der Individualität noch nicht genügend Spielraum lässt. Besser, weil Armut zu beseitigen sei, besser, weil der sogenannten Profitorientierung in einer kapitalistischen Wirtschaftsordnung ein anderes Denken entgegengebracht werden müsse.

Wenn Menschen mit den herrschenden Verhältnissen konstruktiv unzufrieden sind, dann ist das gut so. Menschen sind jeder für sich, aber auch als Gemeinschaften, stets Entwicklungswesen – es bedarf also des stetigen Hinterfragens des Gewordenen, um das bessere Neue zu suchen und zu schaffen. Das kann heute niemand mehr alleine, sondern wir müssen uns zusammenfinden und soziale Organismen bilden, die in dieser hochkomplexen arbeitsteiligen Welt für andere leisten wollen und die Zukunft unternehmen wollen.

Die kritisch Konstruktiven müssen aber sehr genau aufpassen, dass sie nicht in Menschen- und Weltbilder-Fallen hineingeraten. Sowenig es im Arbeitsleben die faulen Anderen und die fleißigen «Ich und Wir» gibt, so wenig gibt es im Wirtschaftsleben die profitgierigen Unternehmer auf der einen und die sozialen Entrepreneure auf der anderen Seite. Es wäre fatal und gefährlich, eine ausschließliche Gewinnmaximierung für traditionelles Unternehmertum und den Verzicht auf Erträge für soziales Unternehmertum zu halten. Gewinn an sich ist nichts Schlimmes, sondern sogar unerlässlich, denn er dient der Existenzerhaltung des Unternehmens. Der Gewinn ist ein Entwicklungsraum, den sich ein Unternehmen verschafft.

Aber Gewinn ist nicht alles. Allen Unternehmern und unternehmerisch ambitionierten Menschen müssen zwei mal drei Gegenwartsanforderungen klar sein: Ein Unternehmen muss *sozial, ökologisch* und *ökonomisch* sinnvoll handeln. Wird einer dieser drei Aspekte nicht beachtet, ist – früher oder später – die Zukunft des Unternehmens in Gefahr. Die anderen drei Gegenwartsanforderungen sind noch unmittelbarer einzusehen:

Erstens muss, wie im Rechtsleben auch, im Unternehmen jeder Mensch gleich behandelt werden. *Zweitens* muss – ebenso wie jedem Bürger die Freiheit zur Selbstentfaltung eingeräumt wird – ein Unternehmen die individuelle Initiative des Einzelnen ermöglichen. Und *drittens* muss ein Unternehmen für jeden Mitarbeiter ausreichende Existenzmittel zur Verfügung stellen, so wie wir als Gesellschaft dieses Prinzip der Brüderlichkeit zu leben haben.

Ein Unternehmen bildet sich auf Initiative eines Einzelnen und wird im Erfolgsfall zu einer Gruppe von Menschen, die sich der Entwicklung der beteiligten Individuen und der Gemeinschaft als Ganzes verpflichtet fühlen. Manche Unternehmen werden heute mehr in diesem Sinne geführt, andere weniger. Mit einer stetigen Tendenz zu mehr dialogischem Miteinander und empathischen Füreinander.

Brüderlichkeit im Wirtschaftsleben ist also nicht Folge von Freiheit im kulturellen und wissenschaftlichen Geistesleben und von Gleichheit im unserem Rechtsleben, sondern sie muss jederzeit und überall in den Unternehmen von mutigen, unermüdlichen, sozialen Entrepreneuren hart erarbeitet werden. Soziokulturelle und ökologisches, nachhaltiges Handeln ist keine marktwirtschaftsferne Aufgabe für parlamentarische oder außerparlamentarische Initiativen (NGOs) oder für eine noch zu erfindendende Form von Sozialen Unternehmen. Nachhaltiges Handeln findet statt durch die Teilnahme am bestehenden Wirtschaftsleben.

Man muss Wirtschaft immer wieder neu denken. Ermutigen Sie sich und andere, Gewordenes umzudenken, den Veränderungsprozess aktiv mitzugestalten und Neues zu kreieren.

24

Sind
Schrottplätze
bessere
Spielplätze?

Für Kinder stehen die großen Ferien bevor. Je nach Wohnort für die einen bald, für die anderen dauert es noch ein paar Wochen. Viele Eltern haben für ihre Kinder Feriencamps und Freizeiten organisiert; Kommunen unterstützen finanziell benachteiligte Eltern durch Angebote und Zuschüsse. Beim Familienurlaub organisieren Hotelbetreiber und andere tüchtige Menschen diverse Aktivitäten, um Kindern Unterhaltung zu ermöglichen. Oder aber um deren körperliche oder geistige Fitness zu steigern. Ferien bieten für die kindliche und jugendliche Entwicklung eine Riesenchance. In den Ferien können Kinder mehr lernen als im Schulunterricht. Auch wenn Lehrer das nicht gerne hören, die Hirnforscher sind sich sicher: Die Stimulation der emotionalen Zentren ist wichtiger als Wissensstoff, weil Gefühle der entscheidende Impuls für alle Lernprozesse sind. Noch wichtiger ist, und deshalb können Eltern bei der Organisation der Ferienangebote für ihre Kinder gar nicht sorgsam genug sein, Kinder und Jugendliche müssen die Chance haben, sich als Entdecker und Gestalter ihrer Welt zu fühlen. Das geht im freien Spiel, nicht aber dabei, unter Anleitung von Animateuren beispielsweise Tänzchen einzuüben.

Für die Eltern bedeutet das den Mut zum Loslassen, für Großeltern, Freunde oder Ferienbetreuer, denen Eltern ihre Kinder anvertraut haben, noch mehr. Wenn der Neurobiologe Gerald Hüther fordert, die Kinder in Wäldern, an Bächen oder auf Schrottplätzen spielen zu lassen, damit sie neue Erfahrungen sammeln, – eigene Fähigkeiten entdecken und neue Fertigkeiten erlernen können, dann fordert er zugleich Risikobereitschaft. Damit das Gehirn aktiviert wird, muss etwas passieren, das unter die Haut geht.

Als Vater von sieben Kindern kenne ich diesen Zustand des Abwägens; viele Mütter haben Angst, wenn sie ihre Kinder ohne Aufsicht wissen. Aber den Kindern hilft es nicht, wenn sie behütet und umsorgt werden. Junge Menschen, ob sechs oder 16 Jahre, brauchen Grenzerfahrungen, Entdeckungen und Abenteuer. Dafür bieten die Ferien alle Möglichkeiten.

Wenn die Kinder sich zu ihren Abenteuern und Ausflügen auf den Weg machen, dann brauchen sie Vertrauen. Und wenn sie heimkommen, benötigen sie ein Maximum an Zuwendung. Sie wollen berichten. Aus den Kleineren sprudelt es heraus, die Pubertierenden wollen gefragt werden. Sonst verlieren sie die Lust auf weitere Erkundungen.

Interesse alleine reicht aber nicht. Und das nötige Mehr machen sie uns, den Erwachsenen, nicht immer leicht. Aber bei allen Provokationen, jedes Kind braucht das Gefühl, bedingungslos von denjenigen geliebt zu werden, die es als seine wichtigsten Bezugspersonen ansieht. Das ist oft die noch schwierigere Aufgabe im Vergleich zum Organisieren der geeigneten Ferienbeschäftigung. Denn für die stabile positive Beziehung zu den eigenen Kindern reicht der Verstand nicht aus, man ist ganz gefordert – im Denken, Fühlen und Wollen.

Es ist der Mühen wert, seinem Kind eine sichere und verlässliche Beziehung zu bieten. Es lohnt sich auch, denn man bekommt diese bedingungslose Zuneigung von einem aktiven, wachen, fröhlichen, kreativen und lernfähigen Kind wieder zurück.

25

Müssen wir Eigentum neu definieren?

Mich erreichen verschiedenste Kommentare, Nachfragen und Vermutungen, warum ich meine Beteiligung am dm-drogerie markt in eine gemeinnützige Stiftung eingebracht habe. Wer ein Unternehmen aufbaut und viele Jahre führt, erlebt Höhen und Tiefen. Das Unternehmen wird Teil seiner Biografie; es wächst ihm ans Herz. Man kann es nicht einfach in andere Hände geben oder verkaufen. Die Arbeitsgemeinschaft des Unternehmens, das soziale System wird dem Firmengründer im Laufe der Zeit immer deutlicher, während der Vermögensaspekt zurücktritt. Vermutlich gewinnen Stiftungen bei Unternehmensnachfolgeregelungen darum an Bedeutung. Neu sind Stiftungen nicht, als Unternehmensrechtsform jedoch weniger bekannt. Die Öffentlichkeit stellt sich meist größere Vermögensmassen vor, die kulturellen Zielen und Bestrebungen dienen. Es gibt aber bedeutende Unternehmen, die von einer Stiftung getragen werden oder an denen Stiftungen wesentlich beteiligt sind. Hier wirkt der Gedanke eines Stiftungszieles und der des Unternehmenserhalts. Er schafft Bewusstsein dafür, dass Unternehmen geistig-kreative, wirtschaftlich-soziale Gebilde sind und Freiraum für weit in die Zukunft zielende Investitionsentscheidungen brauchen. Als Unternehmer möchte ich bei solchen Entscheidungen nicht von Quartalsberichten für die Börse oder von Bilanzanalysten abhängig sein. Ziel eines Unternehmens ist es eben nicht, Dukatenesel für Geldanleger zu sein. Sein wirklicher Ertrag sind die Dienste, die das Unternehmen für seine Kunden, für den Erhalt seiner Lebenswelt und für die beteiligten Menschen leistet. Von Finanzinvestoren getragene Unternehmen verkommen leicht zu Instrumenten für sachfremde Geldinteressen. Die Stiftung öffnet dafür keinen Raum – das ist der wesentliche Unterschied zu allen anderen Unternehmensrechtsformen.

Wer in einem Unternehmen den ideengetragenen Leistungs- oder Wertschöpfungsprozess erkennt und nicht primär den Besitz (und damit das Unternehmen fehlsteuert), dem steht vor allen Dingen der instrumentale Charakter des Unternehmerkapitals vor Augen. Den Eigentums- und Besitzaspekt gilt es so zu regeln, dass er diesen Prozess stützt. Was wird, ist entscheidend, weniger, was geworden ist.

Jedes Unternehmen braucht Instrumente und Mittel wie Eigenkapital. Eigenkapital ist jedoch keine materielle Realität. Es bildet vielmehr den Freiraum der unternehmerischen Kompetenz und Kreativität des Unternehmens als Zahlengröße ab. Ein Unternehmer weiß, dass die Qualität und Größe des Eigenkapitals die Kreditwürdigkeit des Unternehmens und den Raum der Selbstbestimmungsfähigkeit definieren. Er ist mit seinem Unternehmen verwachsen und denkt stets, wie er dessen Verkäuflichkeit verhindern kann. Denn man verkauft das Unternehmen mit seinen Mitarbeitern nicht, jedenfalls seinem ethischen Bewusstsein nach.

Unser traditioneller Eigentumsbegriff ist von den Römern geprägt; wir sehen in ihm vornehmlich ein Abwehrrecht, nicht die mit ihm verbundene Aufgabe. Auch wenn unser Grundgesetz sagt, dass «Eigentum verpflichtet», ist dieser Gedanke noch nicht geerdet, er hat nicht «Hand und Fuß». Angesichts der gegenwärtig ganz neuen Größenordnungen von Unternehmen brauchen wir aber Unternehmensrechtsformen, die dem Aufgaben- und Verpflichtungsgedanken mehr Rechnung tragen als der Sicherung des persönlichen Besitzes. Unternehmenseigentum ist als Schutzraum erforderlich, in dem das Unternehmen sich entfalten kann. Durch die Stiftung wird dies möglich. Sie stellt die Aufgabe des Unternehmens in den Vordergrund und kennt kein persönliches Eigentum mehr.

Ich wünsche unserer Gesellschaft, dass sich unser Eigentumsbegriff weg vom Besitzaspekt hin zum Bewusstsein der damit verbundenen Aufgabe wandelt.

26

Wie viel sollte jeder Einzelne selbst entscheiden können?

Rund 100 neue dm-Märkte eröffnen Jahr für Jahr in Deutschland. Und die 1250 bereits bestehenden Märkte öffnen Tag für Tag aufs Neue ihre Türen, damit Kunden von Konstanz bis Kiel bei dm einkaufen können. Dafür braucht es Menschen, die sich für ihre Arbeit engagieren, die für ihre Kunden da sein wollen und die sich verantwortlich fühlen. Mit Disziplin und Gehorsam, mit autoritären Befehlen und zentralistischen Vorgaben kommt man da nicht weit.

In einem atomistisch strukturierten Handelsunternehmen erlebt man dieses Phänomen unmittelbarer als in einem Fertigungsbetrieb. Wirtschaften funktioniert am besten von Mensch zu Mensch, weil es der sozialen Nähe bedarf, um zu wissen, was der andere möchte und braucht. Und man darf nie vergessen: Die Menschen sind nicht für die Wirtschaft da, sondern die Wirtschaft für die Menschen.

Eine erfolgreiche Gemeinschaft entsteht letztendlich durch Vertrauen und Zutrauen, durch die Initiative und die Verantwortungsbereitschaft vieler Einzelner. Was wir also brauchen, ist eine freie Initiativentfaltung. «Filialen an die Macht» hat ein Branchenblatt unsere Grundeinstellung einmal genannt, die darauf basiert, so viel wie möglich in der Peripherie und nur das Nötigste zentral zu entscheiden.

Bei meiner Beschäftigung mit diesem Phänomen bin ich auf die Idee der Subsidiarität gestoßen. Das Subsidiaritätsprinzip bedeutet, dass eine zentrale Regierung immer nur dann unterstützend eingreifen darf, wenn das Individuum oder die jeweils kleinere politische Einheit Beistand benötigt oder wenn tatsächlich übergreifende Belange zu entscheiden sind. Aber eben auch nur in diesen beiden Fällen!

Die Idee der Subsidiarität setzt ganz konsequent auf den Individualismus und wendet sich gegen den Zentralismus, Kollektivismus und Totalitarismus. Der katholische Ethiker Oswald Nell-Breuning hat das Anfang der 1930er-Jahre, als Totalitarismus und Kommunismus an Boden gewannen und schließlich in Diktaturen endeten, so formuliert: «Was der Einzelmensch in eigener Initiative und mit seinen eigenen Kräften leisten kann, das darf ihm nicht entzogen werden.»

Um das zu erreichen, müssen wir Subsidiarität konsequent denken und Rahmenbedingen schaffen, damit der Einzelne sie auch praktizieren kann. Das ist schwer, weil ein hierarchisches Bewusstsein in vielen von uns tief verankert ist. Und weil wir eine unerlässliche Voraussetzung stets berücksichtigen müssen: Die eigene Persönlichkeit entfaltet sich stets im wertschätzenden Miteinander, sonst verkommt Individualismus zum Egoismus.

Die Menschen sind nicht für die
Wirtschaft da, sondern die Wirtschaft
für die Menschen.

27

Müssen wir uns unsere Freiheit erobern?

Das kennen Sie sicher: Jemand sitzt während eines Gesprächs auf der Vorderkante des Stuhls. Ich beobachte diese Haltung oft bei jungen Menschen. So zu sitzen ist ein sicheres Zeichen dafür, dass derjenige hellwach und ganz bei der Sache ist. Viele Staatsentscheider und Wirtschaftsverantwortliche haben es offensichtlich versäumt, ihre Entscheidungen mit dieser inneren Haltung des Hellwachseins für die Bedürfnisse ihrer Mitmenschen zu treffen. Sonst würden nicht – von Ägypten über Chile bis hin zu England, Libyen und Spanien – Menschen auf die Straße gehen und ihren Unmut gegen die herrschenden Verhältnisse ausdrücken. Wenn Menschen auf die Straße gehen, liegt in ihrer Gemeinschaft etwas im Argen.

Als Unternehmer konnte ich ein Leben lang Erfahrungen in einer Arbeitsgemeinschaft machen. Eine Gemeinschaft konstituiert sich über ein gemeinsames Ziel. Und dieses Ziel muss täglich neu mit Leben gefüllt, muss bewusst kultiviert werden. Den Unternehmenszweck gemeinsam bewusst zu gestalten ist sicher ein idealisierter Anspruch, das andere Extrem ist, wenn eine Firma aufgrund der Marktbedingungen – oder wie es in der Politik oft heißt, aufgrund der Sachzwänge – gestaltet wird. Im Alltag ist es die Aufgabe aller Beteiligten einer Gemeinschaft, die Balance zwischen diesen beiden Extremen zu finden. In seinen «Ästhetischen Briefen» bezeichnet Friedrich Schiller das Verhaftetsein im Materiellen als Stofftrieb, die Orientierung an geistigen Idealen als Formtrieb, und der Mensch solle mittels seines Spieltriebs zwischen diesen beiden Extremen vermitteln.

Wenn in Libyen Menschen auf die Straße gehen, dann deshalb, weil sie Freiheit fordern. Freiheit, die sie brauchen, um ihre persönliche Biografie gestalten zu können. Nur in der Gemeinschaft kann aber der Mensch über sich selbst hinauswachsen. Darum gehen junge Menschen nicht nur in Libyen, sondern auch in Spanien und England auf die Straße. Die Freiheit, sich entfalten zu können, haben die Menschen in Europa, doch ihnen fehlt die Perspektive, die Möglichkeit, die Teilhabe, um sich in der Gesellschaft ausdrücken zu können. Die Menschen in Libyen wollen nicht mehr von äußeren Zwängen gegängelt werden. Die Menschen in Europa haben zwar diese Freiheit, sie wollen aber die äußeren Bedingungen mitgestalten können.

Auch wenn wir in Deutschland noch keine solchen Verhältnisse haben, beobachte ich doch, wie viele Staatslenker sich in ihren Stühlen gemütlich zurücklehnen und sich von den Sachzwängen bestimmen lassen. Sie haben die innere Haltung junger Menschen, diese aufgeweckte Art, die einen auf der Stuhlkante sitzen lässt, verloren. Wenn wir aber aufhören, die Balance zu suchen, zwischen dem Wünschenswerten und dem Machbaren, dann leidet über kurz oder lang die Gemeinschaft. Goethe schreibt in seinem *Faust:* «Nur der verdient sich Freiheit wie das Leben, der täglich sie erobern muss.» Diese Geisteshaltung gilt es, täglich zu kultivieren – im Gemeinwesen genauso wie in einem Unternehmen. –

Ich wünsche Ihnen von Herzen gutes Gelingen beim steten Ringen um die Balance zwischen Ihren Idealen und den bestehenden Verhältnissen.

28

Vermeiden wir unnötiges Leid?

Wir leben in einer Welt der Gewalt. Man macht sich nicht jeden Tag Gedanken darüber. Aber es gibt Ereignisse, die viele Menschen zeitgleich nachdenklich machen. Das Erdbeben in Japan und das damit verbundene nukleare Desaster ist ein solches Ereignis. Die Katastrophe hat eindringlich gezeigt, welche Gewalten auf uns einwirken können. Auf jeden Einzelnen von uns wie auf große Teile eines Volkes. Und auf eine mitleidende Menschheit.

Die Welt ist aber nicht deshalb schlecht, weil die Kontinente als Platten aneinanderreiben und in der Folge Erdbeben und Vulkanausbrüche Leid und Elend bringen. Es bedurfte dieser Naturgewalten, um über Jahrmillionen Bedingungen entstehen zu lassen, die menschliches Leben erst ermöglichen. Unser blauer Planet ist alles andere als menschenfeindlich. Wenn wie in Japan durch die gewaltige Veränderung der Materie Menschen sterben mussten, dann sind sie zuvor geboren worden und haben gelebt. Wir leben ein Wechselspiel von Werden und Vergehen. Die Katastrophenopfer genauso wie diejenigen, die 100 Jahre alt werden.

In einer feindlichen Nicht-Atmosphäre gäbe es diese

physische Präsenz des Menschen nicht. Bei genauer Betrachtung waren die natürlichen Bedingungen sogar noch nie menschenfreundlicher. Die aktuellen Bedingungen sind so, dass Milliarden von Menschen zeitgleich existieren können. Und wir lernen. Wir nutzen die Schöpfung, um aus Mangel Überfluss entstehen zu lassen.

Überfluss für so viele Menschen, der ohne die Natur, die Naturgewalten und deren Nutzung nie entstehen könnte. Naturgewalten wie Erdbeben und Tsunami sind die nötigen Begleitumstände unserer physischen Existenz, die dazu da sein soll, sich als Mensch zu entwickeln. Wenn der Künstler Joseph Beuys sagt, nur der Tod halte uns wach, dann schließt er in diese Feststellung ganz gewiss aber auch Reinkarnation und Karma mit ein.

Die durch Menschen verursachte Gewalt – in diesem Fall in Form schlampig gebauter, gefährlicher Kraftwerke, bei denen jetzt Fehler durch Unachtsamkeiten und Habgier deutlich werden – sind keine nötigen Begleitumstände von Menschheitsentwicklung und individuellem Lebenszeugnis. Bei den Naturgewalten sind Leid, Schmerz, Mitleid, Trauer und Trost ein unvermeidlicher Bestandteil unseres Daseins, bei den zerberstenden Kraftwerken eben gerade nicht. Auch deshalb war Beuys gegen unbeherrschbare Technologien. Es geht an dieser Stelle aber nicht um das Für und Wider einer Nutzung von Atomenergie, ob friedlich oder militärisch. Es geht um unser Zutun zu klugem

Handeln durch richtiges Denken, damit kein unnötiges Leid, keine unnötige Qual entstehen.

Joseph Beuys hat Denken mit Verstand und Seele verlangt; ein großer Mann der französischen Resistance, der 93-jährige Stéphane Hessel, hat das kürzlich anders ausgedrückt: «Empört Euch», hat er gefordert und gesagt, wie er das meint: «Wir müssen alle darüber wachen, dass unsere Gesellschaft eine Gesellschaft bleibt, auf die wir stolz sein können.» Und konkretisiert: Ein allein auf die Produktion ausgerichtetes Denken könne den Planeten unbewohnbar machen. Hessel, Widerstandskämpfer gegen die Nazis, ruft zum aktiven Bürgertum, zum tätigen Menschsein auf: «Jeder ist wichtig, auf keinen kann man verzichten.» Jeder muss sich einsetzen für eine bessere Welt, eine Welt ohne unnötige Gewalt und unnötiges Leid.

Ich wünsche Ihnen kraftvollen Gestaltungswillen statt lethargischer Gleichgültigkeit.

29

Trauen wir unseren Mitmenschen Politik zu?

Ich versuche hier, meine Erfahrungen als Unternehmer zu nutzen, um die daraus gewonnenen Einsichten beim Blick über den Tellerrand auf der gesellschaftlichen Ebene zur Anwendung zu bringen. Geht das? Karl Adam, der Rudertrainer des erfolgreichen Deutschland-Achters in den 1960er Jahren, hat gesagt, dass das Prinzip der Leistung immer gleich sei. Ich meine, das trifft zu, sodass ich von der betriebswirtschaftlichen Ebene auf die volkswirtschaftliche schließen kann.

Als Unternehmer habe ich in den vergangenen 40 Jahren gelernt: Wir brauchen Routine, um den Alltag mit traumwandlerischer Sicherheit bewältigen zu können. Doch sobald man sich zum Verweilen in der Routine verführt fühlt, muss man Veränderung herbeiführen wollen. Erneuerung ist notwendig, um auf sich verändernde Rahmenbedingungen angemessen reagieren zu können. Erneuerung oder Innovation heißt, das Gewordene zu hinterfragen, es umzudenken, das Neue zu kreieren und in das Bestehende zu integrieren. Unternehmen, die nicht innovativ sind, erstarren und bedienen mit ihrem Angebot die Wünsche und Bedürfnisse der Kunden nicht mehr.

Wie im Unternehmen verhält es sich in der Gesellschaft. Wir haben heute große Routine in der Bewältigung unseres sozialen Miteinanders in der Form einer repräsentativen Demokratie. Wir sind so sehr in dieser politischen Routine, was Sie gut erkennen können an den kleinstmöglichen Schritten, die die derzeitige Regierung in Richtung Zukunft zu gehen in der Lage ist, dass es dringend der Impulse zur Erneuerung bedarf. Es geht darum, der Individualisierung in unserer Gesellschaft durch eine Veränderung in unserem Staatswesen gerecht zu werden.

Wir müssen den Schritt von der repräsentativen Demokratie hin zur direkten, plebiszitären Demokratie gehen. «Mehr Demokratie wagen» darf keine Worthülse sein. Wir brauchen heute keine Sorgen mehr zu haben, dass der Plebs, also das Volk, die Todesstrafe fordert oder aufgrund fehlendem Wissens keine vernünftigen Entscheidungen treffen kann. Das Volk ist mündig und gut informiert. Spätestens seit über 20 Jahren, als die damaligen DDR-Bürger «Wir sind das Volk» ausriefen, wissen wir, dass die Menschen ihr Schicksal aktiv mitgestalten wollen.

Eine repräsentative Demokratie kommt diesem Freiheitsstreben nicht nach. Sie fördert eher Passivität; sie ist von oben gedacht; sie kommt aus dem Gewähren, Einräumen und Genehmigen von beispielsweise Redefreiheit, Versammlungsfreiheit und Vereinigungsfreiheit.

Der Ansatz einer direkten Demokratie ist ein fundamental anderer, sie fördert Aktivität. Es geht nicht mehr um Führung durch Berufspolitiker, sondern darum, die Selbstführung engagierter Bürger zu ermöglichen. Die Politiker müssen sich selbst aus ihrer Routine herausreißen, um das Neue – mit Kraft zur Vorausschau – in die Welt zu bringen. Von den Bürgern braucht es Engagement, das aus dem Bewusstsein der eigenen Kräfte erwächst, damit der Wandel zur direkten Demokratie angestoßen wird.

30

Bin ich bereit zum Risiko?

Zum Start meiner Selbstständigkeit benötigte ich
Eigenkapital. Ich war von der Idee eines discountie-
renden Fachmarktkonzeptes für Drogeriewaren über-
zeugt, die Kreditsachbearbeiter in den Banken sahen
das jedoch anders. Sie beurteilten meine Unterneh-
mensgründung auf Grundlage ihrer Erfahrungen, von
Empirie, und diese waren mitten in der Wirtschafts-
krise 1973 nicht Erfolg versprechend. Für mich dagegen war es klar, war es evident, dass der Wegfall
der Preisbindung und die Bereitschaft der Menschen
zur Selbstbedienung ein neues Vertriebssystem für
Drogeriewaren möglich machen wird.

Im Wirtschaftsleben konnte ich anschließend sowohl
im eigenen Unternehmen als auch im gesamten Le-
bensmitteleinzelhandel, zu dem Drogeriemärkte gehören, immer wieder beobachten, dass Verantwortliche
auf der Basis von zwei Konzepten ihre Entscheidungen
treffen: Vergewisserung durch Empirie oder Ergreifen
der Aufgabe aufgrund von Evidenz beziehungsweise
einer inneren Gewissheit. Evidenz oder Empirie: Dies
macht den Unterschied zwischen unternehmerischem
Handeln und managementbasiertem Tun.

Der Unternehmer wagt den Schritt nach vorne, weil

er diesen aus einer inneren Überzeugung heraus als richtig erkennt. Er hat die Zukunft im Blick. Der Manager handelt erfahrungsorientiert und geht einen Schritt nur, wenn dieser aufgrund empirischer Daten als Erfolg versprechend erscheint. Dieser wichtige Unterschied ist heute auch im politischen Handeln unserer Bürgervertreter in den Kommunen sowie auf Länder- und Bundesebene erkennbar.

Weil in einer Mediendemokratie jeder Fehltritt sofort abgestraft wird, handeln die Volksvertreter auf empirischer Basis in sehr kleinen Schritten. Unternehmerischer Wagemut und damit verbundene große Schritte sind nicht zu beobachten. Vermutlich fehlt den Politikern die Zeit, denn zum Evidenzerleben kommt es nur auf der Basis intensiven Nachdenkens. Große, wagemutige Entwürfe wie der Kniefall Willy Brandts in Polen oder die Milliardeninvestitionen für blühende Landschaften in den neuen Bundesländern sind derzeit undenkbar.

Für einen empiriegetriebenen Politiker wäre der Marshall-Plan nie eine Option gewesen. Für George C. Marshall, US-Außenminister und Friedensnobelpreisträger, war eine Anschubfinanzierung für eine hungernde Bevölkerung mit den Nebenzielen der Eindämmung des Kommunismus und der Schaffung eines Absatzmarktes für die amerikanische Industrie evident.

Aktive Bürgerschaft bedeutet für mich, den politisch Verantwortlichen eine unternehmerische Blickrichtung abzuverlangen, die mutige Schritte auf der Basis von Evidenzerleben nach sich zieht. Wir können uns heute keine Politik mehr leisten, bei der jede kleinste Bewegung empirisch überprüft und verifiziert werden muss, ehe ein Fuß vor den nächsten gesetzt werden kann.

Seien Sie aktiv! Fangen Sie in Ihrer persönlichen biografischen Unternehmerschaft an, und helfen Sie damit unseren politischen Repräsentanten, mutig zu sein, statt in Furcht vor der Freiheit zu erstarren.

31

Wollen wir begeistern?

Schon als Junge hat es mich fasziniert, beim Start eines Flugzeugs zuzuschauen. Wie ist es möglich, dass sich eine tonnenschwere Maschine gleich einem Schwan in die Lüfte erhebt? Das Flugzeug überwindet die Schwerkraft, weil es so konstruiert ist, dass ein Sog entsteht. Es ist ein Irrtum zu meinen, Druck und Schub reichten aus. Der Sog ist die entscheidende Wirkursache.

Die Erfahrung aus meiner unternehmerischen Tätigkeit ist, dass es auch bei der Gestaltung von sozialen Organismen auf Sog ankommt und nicht auf Druck. Druck kann man gezielt ausüben, aber einen Sog kann man nur durch die Rahmenbedingungen fördern, damit er in jedem Einzelnen selbst entsteht.

Wie können wir also Verhältnisse schaffen, sodass in jedem Einzelnen ein Sog entsteht? Was braucht ein Mensch, damit er sich aus eigenem Antrieb motivieren kann? Oder, anders gefragt: Was löst Begeisterung aus? Es ist die Sinnperspektive, die Begeisterung und damit auch einen Sog erzeugt.

Wie entdecken wir in etwas einen Sinn? Immer dann, wenn wir nicht nur nach dem Wie fragen, sondern auch nach dem Warum wir etwas tun, erhält eine Situation eine andere Färbung. Wir sehen die Dinge mit einem anderen Bewusstsein. Wer «Warum?» fragt, muss über seine Motive und Ziele nachdenken und hat damit die Sinnfrage im Visier.

Darum geht es auch in Gemeinschaften: ein gemeinsames Zielbewusstsein zu generieren, das einen Sog erzeugt.

Von dem Botaniker und Erfinder George W. Carver ist folgendes Zitat überliefert: «Hinter meinem Labor stehen ein paar Bäume. Einer von ihnen ist gefällt worden, und der Stumpf gibt einen guten Sitz ab. Ich habe es mir zur Regel gemacht, jeden Morgen um vier Uhr dort zu sitzen und Gott zu fragen, was ich am Tag tun soll. Und dann gehe ich an die Arbeit.» Wem es leichter fällt, an sich selbst die Frage zu stellen als an Gott, der kommt auch zum Lebenssinn.

Wie entscheidend die Sogwirkung auch für das eigene Leben ist, erkennt man in schwierigen Situationen. Der Forscher Aaron Antonovsky hat bei der Befragung ehemaliger KZ-Insassen herausgefunden, was Menschen benötigen, um auch in Krisensituationen gesund zu bleiben oder um schneller wieder zu genesen. Es bedarf einer inneren Haltung und Zuversicht, die durch drei Komponenten charakterisiert wird: dass das Leben erstens verstehbar, zweitens bewältigbar und drittens sinnhaft ist.

Es ist die Sinnperspektive, die
Begeisterung und damit einen Sog
erzeugt.

32

Denken wir konfrontativ oder kooperativ?

Ob man Börsennachrichten liest oder im Urlaub Basar-Erfahrungen sammelt: Überall scheint es nur darum zu gehen, wer das größere Stück vom Kuchen abbekommt. Zumindest überall in der Wirtschaft. Die Stakeholder, ins Deutsche übersetzt mit Anspruchsgruppen, haben gegeneinander konkurrierende Interessen, so die gängige Meinung – ob Kunden, Mitarbeiter, Manager oder Eigner. Und es gibt leider immer noch sehr viele Unternehmer und Manager, die so denken und entsprechend handeln, nicht nur bei Investmentbanken.

Seit vielen Jahren versuche ich aus meiner Unternehmerposition heraus deutlich zu machen, dass kein Gegensatz zwischen Kunden-, Hersteller-, Mitarbeiter-, und Inhaberinteressen besteht. Als Händler habe ich einen Vorteil: Es wird in dieser Mittlerrolle stets augenscheinlich, dass wir konsequent die Interessen der Kunden – zum Beispiel den besten Preis oder gesunde Produkte – verfolgen sollten, indem wir den Produktionsprozess oder die sogenannte Wertschöpfungskette von der Gewinnung des Rohstoffes bis hin zum Regalplatz optimal gestalten. Nur dann stellt sich auf Dauer Erfolg ein.

Mit Herstellern und Kunden im Miteinander, nie im

Gegeneinander kooperativ statt konfrontativ. Diese konfrontative Haltung ist ein Relikt aus der Ära der Selbstversorger. Auch ein Gegeneinander von «Arbeitgebern» und «Arbeitnehmern» ist anachronistisch und aus der Früh-Zeit der Industrialisierung. Die Fremdversorgung (dass andere immer für mich tätig werden) in globaler Arbeitsteilung in unserer heutigen Zeit ist nur durch ein kooperatives Miteinander zu leisten.

Was für die Wirtschaft gilt, gilt auch für die Gesellschaft. Sie können das im Alltag für sich erlebbar machen, wenn Sie sich stets vergegenwärtigen – sobald Sie Ihr Kind in den Kindergarten oder in die Schule bringen oder im Bus, in der Bahn oder im Flugzeug sitzen –, dass überall Menschen für Sie tätig sind und Sie sich vertrauensvoll dem Fahrer oder Piloten überlassen beziehungsweise auf die Ingenieure und Techniker verlassen, die einen neuen Airbus konstruiert und montiert haben. Und ebenso, wenn Sie es mit einem Handwerker oder mit einem Bürgermeister zu tun haben.

Bei allen alltäglichen wie außergewöhnlichen Situationen entsteht eine Art «Kundenbeziehung oder Wertschöpfungsgemeinschaft». Überall muss man sich bewusst machen, dass man es mit Menschen zu tun hat, die etwas für andere, insbesondere für einen selbst leisten – einmal unmittelbar wie der Handwerker, ein anderes Mal mittelbar wie bei einem verantwortungsvollen Bürgermeister.

Ob als Unternehmer oder als Bürger – wir wandeln

stets auf den Schultern der Gemeinschaft, so wie wir Schultern für andere bereithalten. Dieses Bild mit den Schultern macht deutlich, dass vertrauensvolle Wertschätzung nötig ist für ein Zusammenleben in Freiheit, Frieden und Wohlstand. Dass Geringschätzung gar nicht geht und Respekt nicht ausreicht, sondern nur durch Wertschätzung gemeinsame Wertschöpfung möglich wird. Denn nur mit Wertschätzung wird es möglich, miteinander füreinander zu leisten.

Sie werden es merken, wenn Sie mit dieser Haltung Ihr Kind den Erziehern in Kindergarten oder Schule anvertrauen, Sie werden es spüren, wenn Sie sich an Wahltagen abwägend für Ihren politischen Mandatsträger entscheiden, und Sie werden es erleben, wenn Sie beim Erwerb Ihrer Lebensmittel bewusst eine Einkaufsquelle aussuchen – Misstrauen und Geringschätzung sind keine Grundlage für unsere Daseinsgestaltung.

33

Wie wichtig ist uns Menschenwürde?

Als 19-Jähriger betrieb ich Leistungssport. Ich ruderte im Zweier. Als wir, mein Ruderpartner und ich, den Deutschen Jugendmeistertitel im Doppelzweier gewannen, interessierten sich auf einmal die Vereinsfunktionäre für uns. Bevor wir den Meistertitel gewonnen hatten, hatte es niemanden gekümmert, wenn wir zu einer Regatta gefahren waren. Danach wollten plötzlich viele Vereinsmitglieder mitfahren. Damals habe ich unterschwellig gemerkt, dass niemand vorrangig an uns Interesse hatte. Wir waren nur das Mittel, der Ruhm des Vereins war der Zweck.

Dieses Erlebnis hat mich sehr geprägt. Es führte mich zu der Erkenntnis, dass der Mensch stets Zweck sein muss und nie Mittel zum Zweck sein darf. Diese Maxime gilt nicht nur beim Sport, sondern auch in der Wirtschaft. Denn: Ohne Menschen gäbe es keine Wirtschaft. Die Wirtschaft ist für die Menschen da und nicht umgekehrt. Also ist die Wirtschaft das Mittel und der Mensch der Zweck. Das ist kein Wunschdenken.

Wenn wir uns als Arbeitsgemeinschaft darüber definieren, dass wir dem Einzelnen Entwicklungsmöglichkeiten geben, dann ist es notwendig zu fragen: Was ist für den Einzelnen sinnstiftend? Wo kommt er her, wo will er hin? Solche Fragen muss sich jeder Unternehmer stellen. Denn er muss seine Kunden – und dazu gehören sowohl Mitarbeiter und Lieferanten als auch Menschen, die bei ihm einkaufen – verstehen.

Das gilt aber nicht nur in der Wirtschaft, sondern auch für unsere Gemeinschaft. Die gesellschaftliche Realität ist die, dass wir kein Kollektiv in den Mittelpunkt stellen, sondern den Einzelnen. «Die Würde des Menschen ist unantastbar» steht in Artikel eins unseres Grundgesetzes! Das ist der Singular, nicht der Plural, also ist jeder Einzelne höchstpersönlich gemeint.

In unserer globalisierten Welt leistet jeder etwas mit anderen für andere – ob Politiker für Bürger, Ärzte für ihre Patienten oder Eltern für ihre Kinder. Wenn man zusammenleben will, muss man den anderen verstehen. Dafür muss man wissen, wie er in die Welt schaut. Es geht also um Weltanschauungsfragen, die sich ändern können. Die Zeiten, in denen eine Mehrheit ein beständiges und einheitliches Welt- und Menschenbild hatte, sind vorbei. Die Menschen sind heute individueller denn je.

Bei jedem Zusammenkommen mit anderen für andere ist es heute wesentlich, die Belange seines Gegenübers wahrzunehmen, einander zu verstehen und wertzuschätzen.

Wie hat George Bernard Shaw gesagt: «Der einzige Mensch, der sich vernünftig benimmt, ist mein

Schneider. Er nimmt jedes Mal neu Maß, wenn er mich trifft, während alle anderen immer die alten Maßstäbe anlegen in der Meinung, sie passten auch heute noch.»

34

Schaffen wir
Regelwerke
oder Freiräume?

Mit wachsender Größe von dm kamen immer mehr Kolleginnen und Kollegen mit ihren Fragen zu mir. Sie wollten wissen, wie sie ihre jeweiligen Aufgaben besser bewältigen könnten und mit Problemen umgehen sollten. Da die Anzahl der täglich verfügbaren Stunden nicht mit der Fülle an Fragen mitwächst, fehlte bald die nötige Zeit. Zudem wurde mir mehr und mehr bewusst, dass die meisten Frager schon längst eine Antwort beziehungsweise einen eigenen Standpunkt hatten. Viele kamen nur, weil sie sich bei ihrem Vorgesetzten absichern wollten.

Die Lösung war letztendlich einfach: Wenn die Anzahl der Fragen zu groß wird, muss man Gegenfragen stellen. Warum? Damit die Menschen erkennen, dass sie die Aufgabeneigner und zugleich die Kompetenzträger und somit selbst verantwortlich sind. Für sich selbst lernt man auch etwas Entscheidendes. Zutrauen zu entwickeln, um daraus Vertrauen erwachsen zu lassen; beides nie blind, sondern mit Bedacht.

Diese Erfahrung hat mich als jungen Unternehmer aber vor allem gelehrt, wie wichtig es ist, eine Atmosphäre zu schaffen, in der sich die nötige Souveränität meiner Kolleginnen und Kollegen entfalten kann. Um selbstbewusst und situationsgerecht zu entscheiden, braucht der Einzelne die Gewissheit: Er kann mit Verständnis rechnen, wenn er aufgrund seiner eigenen Entscheidung rechenschaftspflichtig wird. Freiheit bedeutet Verantwortung!

Eine richtige Entscheidung zu treffen ist nie leicht. Denn in jeder Situation wirken unterschiedliche Kräfte. Bei genauerer Betrachtung ist keine Situation eindeutig. Und nicht nur in einem Unternehmen wie dm oder einem einzelnen dm-Markt, sondern auch in einer Familie, in einem Verein oder in den politischen Gremien braucht es Menschen, die sich in die jeweilige Aufgabe ganz persönlich einbringen, ihren individuellen Standpunkt einnehmen und so für sich und andere Klarheit schaffen. Menschen, die aufgeschlossen wahrnehmen, welche zwiespältigen Gefühle, Ideen oder Interessen in einer Situation bestehen, und die jeweils angemessen entscheiden, was sie als notwendig erachten und als sinnvoll erkennen.

Die Frage lautet also: Schaffen wir es – sei es in einer Arbeitsgemeinschaft wie dm oder in unserem Land und unserer Gesellschaft –, Rahmenbedingungen zu schaffen, sodass jeder Einzelne souverän entscheiden und agieren kann? So, dass er sein Verhalten vor sich selbst und vor anderen verantworten kann?

Fragen Sie sich, ob Sie in Ihrem Umfeld eine Atmosphäre beobachten können, die das Selbstbewusstsein und die Selbstwirksamkeit des Einzelnen fördert oder hemmt. Fragen Sie sich, was Sie selbst dazu beitragen können, dass sich Ihre Mitmenschen in ambivalenten Situationen einbringen wollen und einen persönlichen Standpunkt einnehmen können – einen Standpunkt, der von allen erkannt, gewürdigt und respektiert wird.

35

Wann fällt
der Groschen?

Am 28. August 2013 jährte sich die Gründung von dm zum 40. Mal, das ist ein kleines Jubiläum. Eine große deutsche Partei feierte ebenfalls im Jahr 2013 einen bedeutenden Jahrestag. Auch wenn beide Ereignisse scheinbar nichts miteinander zu tun haben, so möchte ich doch eine Parallele wagen zwischen Wirtschaft und Politik. Dazu bedarf es aber einer kurzen Geschichte. Vor fast 20 Jahren besuchte ich in Hörde, einem Stadtteil von Dortmund, einen unserer dm-Märkte. Wie so oft machte ich mich nützlich und half einer älteren Dame beim Eintüten ihrer gekauften Produkte. Interessanterweise hatte sie mehrere Päckchen Edelweiß Milchzucker gekauft, was mich neugierig machte.

Die Kundin erzählte, sie komme extra aus dem Norden von Dortmund in unseren Markt in Hörde, weil die Straßenbahnanbindung für sie so günstig sei, sie für die Fahrt als Rentnerin nichts mehr zahlen müsse und sie Zeit habe, denn bei uns sei das Milchpulver 20 Pfennig günstiger als woanders. Und sie komme regelmäßig, da sie nicht auf Vorrat kaufe, wie ich vermutet hatte, sondern sie kaufe für Mitbewohnerinnen im Altenheim. Milchpulver befördert die Verdauung. Ihre Gründe waren für mich plausibel. Sie sparte ein paar

Pfennige bei dem für sie und ihre Mitbewohnerinnen so wichtigen Produkt. Und an der Kasse in Hörde fiel in diesem Moment bei mir der Groschen – jeder Kunde kauft höchst individuell! Die in der Handelsbranche viel diskutierten «Eckartikel», mit denen wir alle lockten, waren nichts weiter als ein von Marketingleuten ausgedachtes Konstrukt.

Noch heute gibt es viele Händler, die einigen wenigen Produkten, die besonders häufig gekauft oder intensiv beworben werden, eine größere Bedeutung zumessen als den vielen Tausend anderen. Diese Eckartikel bieten sie besonders preiswert an, um damit die Kundenmassen anzulocken.

Das ist gut für uns. Denn das Erlebnis in Dortmund löste bei uns eine Diskussion aus und führte zur Einführung der Dauerpreise. Diese Änderung war ein Paradigmenwechsel, weil plötzlich jeder Kunde mit seiner ganz individuellen Nachfrage in den Fokus unserer Bemühungen rückte, ob er nun gerade ein besonders gefragtes Waschmittel bei uns kaufte oder wie die alte Dame in Hörde das eher exotische Produkt Milchzucker.

Unser Wechsel von einer Angebotspolitik mit den verlockenden Eckartikeln für eine vermeintlich riesige Kernzielgruppe hin zu einem Dauerpreisangebot führte vor 20 Jahren nicht nur zu einer Verbilligung aller Produkte, sondern zu einer anderen Kundensicht. Über die zunehmende Individualisierung der Gesellschaft war zwar schon viel Literatur vorhanden, aber wir dachten und lebten diese Einzigartigkeit jedes Kunden von nun an bei unserer Preis- und Sortimentsgestaltung. Wenn wir kurz nach unserer Firmengründung formuliert hatten, dass wir die Eigentümlichkeiten eines jeden Einzelnen anerkennen wollten, dann fand das erst 20 Jahre später seine konkrete Umsetzung.

Es ist ein Riesenunterschied, ob man sich jeden Menschen als Individuum vorstellt oder als Teil einer Gruppe, im Marketing auch schnell einmal Zielgruppe genannt. Es entfaltet sich ein anderes Menschenbild. Mit diesem anderen Bild vom Menschen muss sich die Gesellschaft heute auseinandersetzen, auch und gerade die politischen Institutionen, die unsere parlamentarische Demokratie tragen. Konzepte und Angebote, die die unterschiedlichen Interessen und den Wunsch, als Individuum betrachtet und behandelt zu werden, nicht ausreichend würdigen, sind nicht zukunftsfähig.

Die Perspektive für politische Führung heißt nicht Gefolgschaft und Mitgliedschaft, sondern Ermutigung zur mündigen Bürgerschaft. Diese ist nur mit mehr direkter Demokratie möglich. Sie macht Parteien keineswegs überflüssig, sondern – verlangt ein neues Selbstverständnis dieser: als Moderatoren aktiven Bürgertums. Dann gehen Bürger auch gerne wählen.

36

Kann Arbeit geringfügig sein?

Es ereignete sich vor vielen Jahren in einem dm-Markt in Pirmasens, aber es hätte überall in Deutschland sein können. Kurz nachdem ich unser Geschäft betreten hatte, sprach ich eine Kollegin an. Auf meine Frage erhielt ich nicht die erwartete Information, sondern eine ganz andere. Sie sei leider nur eine «geringfügig Beschäftigte», sagte meine Gesprächspartnerin. Es gibt Begriffe, bei denen zucke ich unmerklich zusammen. Der Duden übersetzt ‹geringfügig› mit unbedeutend, belanglos oder nebensächlich, auch mit Bagatelle und Lappalie.

Über sieben Millionen Menschen arbeiten in Deutschland als ‹Geringfügige›, sieben Millionen Menschen werden mit einem Begriff charakterisiert, der herabwürdigend klingt und es auch ist. Mit dieser Bezeichnung soll ein Arbeitsverhältnis gekennzeichnet werden, das von kurzer Dauer ist und deshalb zur Zeit mit weniger als 400 Euro pro Monat honoriert wird. Mütter sind es vor allem, Studenten und auch Rentner, die sich Woche für Woche bis zu zehn Stunden Zeit nehmen, um dazuzuverdienen.

Zeit, die Teil ihrer Lebenszeit ist. 168 Stunden hat die Woche – die der ‹Geringfügigen›, Ihre und auch meine Woche. 168 Stunden Lebenszeit, die sich auf rund 700.000 addieren, wenn wir 80 Jahre alt werden. Addiert man für die 80 Jahre die im Duden als ‹belanglos› und ‹Lappalie› gekennzeichneten zehn Stunden pro Woche, dann macht das rund 42.000 Stunden unserer Lebenszeit.

Nimmt man diese am Stück, dann geht es um fast fünf Jahre unseres Lebens. Wenn Ihnen jemand sagen würde, dass es auf die nächsten fünf Jahre nicht ankommen sollte, weil diese Größe zu unbedeutend, zu belanglos sei in der Gesamtbetrachtung, dann würden Sie nicht nur protestieren, wenn Sie 75 Jahre alt wären und der Rest Ihres Lebens derart beschrieben würde, sondern hoffentlich auch mit 25 und vermutlich noch vehementer und lauter mit 50 – ob als Frau oder Mann.

In Pirmasens damals ist mir klar geworden, dass wir für alle Menschen, die bei dm arbeiten, ob es sechs, acht Stunden die Woche sind oder ob sich jemand sogar über die vereinbarten Stunden hinaus einbringen will, als Gemeinschaft Rahmenbedingungen schaffen müssen, damit sich niemand bei uns als ‹geringfügig› fühlt. Jeder muss sich ernst genommen fühlen in seiner Aufgabe und einen Sinn in seinem Tun sehen können.

Wir im Einzelhandel haben es da relativ leicht, denn unsere Kunden, in Pirmasens wie anderswo, geben uns Tag für Tag ganz unmittelbar das Gefühl, dass wir etwas Sinnvolles für sie leisten. Und sie fragen auch nicht, ob diese Leistung mit sechs, acht oder zehn

Stunden Einsatz erbracht wird oder als sogenannte Vollzeitkraft, denn das sieht man unseren Kolleginnen und Kollegen nicht an, wenn sie mit den Kunden ins Gespräch kommen.

Ich betrachte es aber darüber hinaus als unsere Aufgabe, den Menschen bei dm, aber auch den Bürgern in Deutschland, den Wert der Lebenszeit zu vermitteln. Wer die Herausforderung annimmt, sein Leben zu gestalten, der trennt nicht mehr zwischen Freizeit und Arbeitszeit, für den ist weder das eine noch das andere ‹geringfügig›. Wer sich mit seiner Lebenszeit beschäftigt, der schafft einen Zusammenhang zwischen den Facetten des Lebens: Familie, Beruf, Bildung, Religion, Sport und Geselligkeit, selbst der Schlaf und die Ruhephasen werden zu einer Gesamtaufgabe. 168 Stunden pro Woche sind nicht viel – da bleibt keine Zeit für Lappalien.

37
Ist Rennen Kopfarbeit?

Der Sommer ist vorbei und damit auch meine Fasten-wochen. Das Reduzieren des Körpergewichts ist hier-bei eher eine angenehme Nebenerscheinung. Wichtiger ist: Fastentage bieten viele Möglichkeiten, sich eigene Entscheidungen in Ruhe durch den Kopf gehen zu las-sen. Entschieden wird immer in der Gegenwart und immer über Zukünftiges. Rückwärts in die Vergangen-heit zu entscheiden geht nicht. Man kann sich jedoch vorbereiten auf diesen jeweiligen Moment der Gegen-wart. Nur allzu oft sind wir – bei scheinbar banalen Alltagshandlungen ebenso wie bei gravierenden und weitreichenden Beschlüssen – gefordert, rasch und ohne lange Bedenkzeit situationsgerechte Entschei-dungen darüber zu treffen, was in Zukunft geschehen soll. Nicht selten sind es Entscheidungen von großer Tragweite.

Wenn während meiner Fastentage der jamaikanische Sprinter Usain Bolt in Berlin einen sogenannten Fabel-weltrekord gelaufen ist, dann können Sie sicher sein, dass er sich jede seiner Bewegungen vom Start bis zum Ziel durch den Kopf gehen ließ. Nur Beinarbeit genügt nicht. Wäre Bolt noch nie diese Strecke gelaufen, dann würde weder die Beinarbeit noch die Kopfarbeit funktionieren. Er muss diszipliniert trainieren. Für Spitzenleistungen genügt das jedoch nicht. Er muss auch reflektieren können über das, was er zuvor geleistet hat, um sich durch die Reflexion erneut steigern zu können. Dabei muss er all seine Bewegungen antizipieren können, um im Ziel immer wieder der Erste zu sein. «Ich bin großartig gelaufen und habe alles umgesetzt», sagte Bolt nach seinem Weltrekordlauf.

Bei allem Respekt vor der sportlichen Leistung des Sprinters kann man jedoch feststellen, dass ein 100-Meter-Lauf im Vergleich zu den meisten Leistungen, die wir zu erbringen haben, ein relativ überschaubarer und unkomplizierter Vorgang ist. Ob wir ein Haus bauen oder einen Arbeitsvertrag unterschreiben, einen Kredit aufnehmen oder unsere Kinder einschulen; Motiv, Methode und Ziel sind oft viel komplexer als das Bewältigen von 100 Metern. Es ist deshalb bei unseren Lebensaufgaben, die für uns und andere von sehr existenzieller Natur sein können, viel wichtiger als bei einer körperlichen Leistung, «alles» umzusetzen.

Geht es Ihnen auch wie mir? Ich lasse mir oft nicht ausreichend Zeit, um «alles» zu bedenken. Obwohl ich nicht ungeübt bin, denn bei meiner Sportart Rudern kann ich Schlag um Schlag Reflexion und Antizipation in der gleichen Weise üben wie der Läufer Bolt. Aber die Tage sind so angefüllt mit Aufgaben, dass die Zeit zum Innehalten knapp ist. Wir brauchen es aber, dieses regelmäßige tiefe Durchdringen und geistige

Bearbeiten des Gewordenen, besonders wenn wir es selbst veranlasst und damit zu verantworten haben. Die sorgfältige Rückschau, um bei der nächsten Vorausschau besser zu sein, um das Zukünftige noch durchdachter gestalten zu können. Hirnforscher und Meditationsspezialisten sind sich einig: Ob man seine Körperbewegungen oder seine Zukunftspläne reflektiert – konzentriertes Reflektieren steigert die Fähigkeit, im kurzen Augenblick der Gegenwart die besseren Entscheidungen für die Zukunft zu treffen. Für die eigene Zukunft und je nachdem auch für die Zukunft anderer, ob es um die Einschulung der Kinder geht oder um die Schaffung neuer Arbeitsplätze.

Nehmen Sie sich die Freiheit zu reflektieren.

38
Kommt Leistung von Herzen?

Mit meiner Kolumne unternehme ich jedes Mal den Versuch, über den Tellerrand von dm hinauszuschauen und meine Erfahrungen und Erkenntnisse als Unternehmer mit Blick auf gesellschaftliche Phänomene – zur Anwendung zu bringen. Mein Leben war und ist aber nicht nur wesentlich von meiner Arbeit im und für das Unternehmen dm-drogerie markt geprägt, sondern von zwei weiteren relevanten Lebensinhalten: meiner großen Familie und meinem Sport, dem Rudern. Das sind zwei weitere Teller, über deren Rand man blicken kann.

Für Letzteres, das Rudern, blieb seit der Gründung von dm vor fast 40 Jahren am wenigsten Zeit. Aber doch genug, um erstens immer wieder Gelegenheiten und die Muße zu finden, mich stets aufs Neue ins Boot zu setzen, und zweitens Zeit genug, um über das Besondere des Rudersports nachzudenken. Also quasi über den Bootsrand hinauszuschauen, um das Rudern auf dem Wasser mit dem Handeln im Alltag in Zusammenhang zu bringen, welches viele auch manchmal als eine Art «Rudern» – empfinden.

Auf dem Gedenkstein des bekanntesten deutschen Rudertrainers Karl Adam kann man dessen Ausspruch lesen, mit dem er die gedachte Nähe zwischen seinem Sport und Alltag sehr prägnant verdeutlichte: «Die Struktur der Leistung ist auf allen Gebieten gleich». Es ist deshalb kein Wunder, wenn im Ruderzentrum der deutschen Olympioniken in Deusen bei Dortmund Unternehmensberater und Unternehmer Kontakt zu Ruderern suchen. Ruderer scheinen sich durch Ausdauer und Präzision auszuzeichnen.

Ich habe mir in diesem Jahr das Vergnügen gegönnt, den Sieg des «Deutschland-Achter» bei den Olympischen Spielen in London aus unmittelbarer Nähe zu verfolgen. Der «Achter» ist nicht ohne Grund das Paradeboot des Deutschen Ruderverbandes und auch für Karl Adam war er so wichtig, dass die Menschen in Deutschland zu Adams Zeiten vom «Adam-Achter» sprachen. Auch dieser holte bei der Olympiade in Rom die Goldmedaille.

Nach dem Sieg des Deutschland-Achters im Sommer in London beschrieb ein Redakteur der größten deutschen Boulevard-Zeitung überraschend pointiert, was das Besondere am Rudersport sein könnte. «Wenn ich ein Dichter wäre, würde ich jetzt anfangen zu reimen. Das Versmaß wäre, wie Ihr Eure Ruderblätter gleichzeitig ins Wasser taucht. Das Vor und Zurück auf Euren Rollsitzen im Boot. Die Harmonie Eurer Bewegungen ...» und er beendet seine Betrachtung mit: «Fußballspieler verdienen das Zigtausendfache. Sport ist nicht Geld. Sport kommt von Herzen.»

Gelegentlich setze ich mich noch in einen Achter, aber

meine Wettkampf-Erfolge hatte ich im «Zweier» mit meinem späteren Geschäftspartner Günter Bauer, der dm in Österreich entwickelt hat. Neben der großen Kraft und dem eisernen Willen, den man vor allem auf den letzten Metern benötigt, und neben der Tatsache, dass man mit ganzem Herzen dabei sein muss, braucht es beim Rudern den klaren Kopf. Denn erst die absolute Konzentration macht den Rhythmus möglich, der nötig ist, um als Erster die Ziellinie zu überfahren. Der Wechsel aus dem kraftvollen Schlag und dem gefühlvollen Eintauchen, und das in totaler Übereinstimmung mit dem Ruderfreund, macht den entscheidenden Unterschied.

Heute bin ich zumeist im «Einer» unterwegs, die Schwielen an den Händen geben Zeugnis von der Anstrengung, die Tausende von Metern auf dem Wasser mit sich bringen. Aber auch wenn ich alleine auf dem Wasser bin, profitiere ich von der Erkenntnis, die das gemeinsame Rudern mir vermittelt hat. Harmonie und Rhythmus ermöglichen Leistungen, die über das hinausgehen, was Herz, Wille und Verstand für sich alleine genommen zu leisten vermögen.

39

Verstehen wir das Prinzip des Lebens?

Bitte testen Sie einmal kurz Ihr Gedächtnis: Kennen Sie das Logo, also das Firmenzeichen der Deutschen Bank? Da memoriert man ein Quadrat mit einem diagonalen Strich, von links unten nach rechts oben. Aufwärts geht es da in unserer westlichen Denk- und Schreibweise, immer kontinuierlich aufwärts. Was aufwärts geht, ist der Fantasie eines jeden einzelnen überlassen; Kurse, Umsatz, Ertrag, Anzahl der Kunden, wenn möglich sogar die Boni – anhaltender Erfolg lässt sich grafisch sehr einfach darstellen.

Für die dOCUMENTA (13) in Kassel hat die Künstlerin Kristina Buch einen Schmetterlingsgarten geschaffen, der auf dem Friedrichsplatz vor dem Hauptgebäude die Besucher empfängt. Die 29-Jährige hat auf engstem Raum Pflanzen versammelt, die von Schmetterlingen gemocht werden. 3.000 Eier von 40 verschiedenen Schmetterlingsarten hat die Künstlerin im Kühlschrank aufbewahrt, um diese im Laufe der 13. documenta in ihrem Schmetterlingsgarten auszusetzen, damit aus ihnen die immer seltener werdenden schönen Falter werden können.

Der Schmetterlingsgarten der jungen Künstlerin wird nicht von der Bank finanziert, wie Sie jetzt vielleicht vermuten könnten. Im Gegenteil: Bank-Logo und Schmetterlinge passen so gar nicht zusammen. Während das Zeichen der Geld-Firma prototypisch für Wachstumsstrategie beziehungsweise Effizienzsteigerung steht, symbolisieren Ei, Raupe, Puppe und Schmetterling in wunderbarer Weise die Schritte der Verwandlung, die wir auch Metamorphose nennen.

Bei meiner Arbeit als Unternehmer ist mir immer wieder aufgefallen, dass die meisten Manager die Prozesse in einem Unternehmen dann für richtig gut halten, wenn kontinuierliches Wachstum stattfindet. Auch zahlreiche Politiker und Wissenschaftler halten diese Art der Entwicklung für die beste. Dabei macht uns die Natur vor, dass Regeneration und Mutation und nicht stetige Expansion und Reproduktion zum Erfolg führen. Erkenntnisprozesse dauern aber lange, das Festhalten an scheinbar erfolgreichen Wachstumsstrategien ist hartnäckig.

Uns bei dm kommt es deshalb darauf an, unsere Entwicklung als Metamorphose zu veranlagen. Auch wenn es auf den ersten Blick gleich scheint, zwischen den Prinzipien Expansion und Regeneration ist ein gewaltiger Unterschied. Mein Credo zur Unternehmensführung lautet deshalb ganz konsequent: Das Gewordene hinterfragen, es umdenken, das Neue kreieren und in die bestehenden Prozesse integrieren.

Diese Idee können Sie sowohl auf die je individuelle Entwicklung wie auf die Veränderungsprozesse in der Gesellschaft übertragen. Es ist immer wieder überraschend, gerade auch für Forscher, Metamorphosen zu sichten, wo sie Entwicklung erwarten. US-Hirnforscher haben gerade erst vor Kurzem entdeckt, dass sich das Gehirn eines pubertierenden Kindes radikal verändert; es erlebt eine Verwandlung. Auch als Gruppe und Gesellschaft durchlaufen wir immer wieder solche Phasen der Verwandlung.

Ob Pubertät oder Finanzkrise, ob als Individuum oder als Gesellschaft, wir sollten diese Metamorphosen nicht als Krise begreifen, sondern sie sogar bewusst hervorrufen. Denn wenn wir die Postkutsche immer nur weiterentwickelt hätten, dann gäbe es heute die deutschen Autobauer nicht. Und man könnte auch nichts von Energiewende in der Zeitung lesen und davon, dass die regenerativen Energien die klimaschädlichen fossilen Energien ebenso ersetzen wie die letztendlich unkalkulierbare Nuklearenergie.

Nehmen Sie sich bitte die Zeit, darüber nachzudenken. Es lohnt sich.

40

Wie viel Verantwortung können wir tragen?

Ich befinde mich in einem besonderen Lebensabschnitt. Während ich dies schreibe, feiert dm im Jahr 2013 seinen 40. Jahrestag nach der Gründung des Unternehmens und ich bin im 70. Lebensjahr. Der Philosoph Arthur Schopenhauer soll einmal gesagt haben, dass wir in der ersten Lebenshälfte den Text liefern und in der zweiten Hälfte den Kommentar dazu. Nun, ich hoffe, auch jetzt noch Text und Kommentar zugleich liefern zu können. Das jedenfalls wäre für mich der richtige Inhalt meiner Kolumne.

Bei einem meiner Vorträge bin ich von einem Teilnehmer gefragt worden, wie ich es «aushalte», die Verantwortung für so viele Tausend Menschen zu tragen, die bei dm arbeiten. Der Frager war kein Schüler oder Student, sondern ein erfolgreicher mittelständischer Unternehmer mit mehr als 1000 Mitarbeitern. Angst, Sorge, Verantwortung, Führungsbereitschaft und auch Haftung und Verpflichtung steckten in dieser Frage, die ich behutsam beantwortete.

Die Aufgabe des Unternehmers habe ich immer so verstanden, dass er die Fähigkeiten der Menschen, die im Unternehmen sind, anregt, stimuliert, hervorruft und dafür sorgt, dass die einzelnen Individuen sich neue Fertigkeiten aneignen können. Es gilt, eine Gemeinschaft zu bilden, in der die Menschen sich einbringen und sich mit ihr identifizieren können – und in der Freiräume entstehen, um das eigene Unternehmen, nämlich das eigene Leben, gestalten und entfalten zu können; schließlich sollte jeder Mensch sein eigener «Lebensunternehmer» sein.

Dem fragenden Zuhörer bei meinem Vortrag wollte ich damit zugleich sagen: Wir müssen als Unternehmer geeignete Rahmenbedingungen schaffen, aber wir sind nicht die Schmiede des Glücks anderer; diese müssen ihr Leben selbst unternehmen, für ihre Erfolge wie Niederlagen dürfen wir uns nicht verantwortlich fühlen. Zu führen bedeutet stets, Bewusstsein zu führen und zur Selbstführung anzuregen. Wenn wir dieses Ziel nicht konsequent verfolgen, sondern anordnen und befehlen, dann beschränken wir die Freiheit der Beteiligten.

Die Eigenverantwortung des anderen zu fördern und anzuerkennen, ob er Mitarbeiter oder Mitbürger ist, bedeutet aber nicht, sich selbst aus der Verantwortung zu stehlen. Wir sind Entwicklungswesen, und unsere Erfahrungen und Erkenntnisse verpflichten uns, uns einzubringen und andere an unserer Entwicklung teilhaben zu lassen. Glück und Können mögen einzelne begünstigt haben, aber ohne das Zutun ihrer Mitmenschen wäre der Erfolg ausgeblieben. Wir stehen – bildlich gesprochen – immer auf den Schultern der anderen, wenn wir eine hervorgehobene Position einnehmen dürfen.

Selbst bei den europaweit rund 44.000 Menschen, die die Arbeitsgemeinschaft dm heute bilden, ist immer noch genug Unmittelbarkeit vorhanden, um dieses Miteinander aller Beteiligten zu spüren – und es auch zu realisieren, also zu denken. Alle Beteiligten in einer Arbeitsgemeinschaft wie dm müssen sich diese gegenseitige Abhängigkeit immer wieder vergegenwärtigen, damit das individualistische Lebensunternehmertum nicht zu einer egoistischen, darwinistischen Daseinsbewältigung verkommt nach der Maxime, dass den Starken alles zusteht und den Schwachen nichts.

Wir bei dm haben den Eindruck, dass die Menschen glücklicher und zufriedener sind, wenn sie sich entwickeln, entfalten und ihre Vorstellungen verwirklichen können. Diese zu begünstigen ist aber nicht nur Aufgabe von Unternehmern, dies ist die Aufgabe all derer, die in unserer Gesellschaft Verantwortung tragen.

Die Maxime der Politik, die oberste Regel, muss deshalb erstens einer Feststellung unseres großen Dichters Friedrich Schiller folgen, der sagte: «Der Mensch ist noch sehr wenig, wenn er warm wohnt und sich satt gegessen hat, aber er muss warm wohnen und satt zu essen haben, wenn sich die bessre Natur in ihm regen soll.» Und zweitens müssen wir Politikferne abbauen und Bürgerengagement anregen, indem wir Raum geben für Selbstführung und Lebensunternehmertum.

41

Wozu soll unser Leben gut sein?

Einmal ist an mich die Bitte herangetragen worden, mich an einem Buch zu beteiligen, in dem ich der Autorin über mein Leben berichte und darüber, was mich besonders geprägt hat. Ich habe dieser Anfrage gerne zugestimmt, da es sich bei der Autorin um eine versierte Pädagogin handelt und ich davon ausgehen konnte, dass wir über Erziehung und Selbsterziehung sprechen würden. Wahrscheinlich sogar von zwei unterschiedlichen Voraussetzungen ausgehend, weil die Wissenschaftlerin für die akademische Bildung steht, während meine Biografie von der Universität des Lebens geprägt ist. Und weil ich diese heute noch täglich besuche und beim Betreten jedes dm-Marktes und bei jeder Begegnung um Erkenntnis ringe, während die Autorin sich Forschung und Lehre widmet.

Im Interview wurde mir – wieder einmal – deutlich, dass die Universität des Lebens ein ebenso spezielles wie wirksames Instrument bereithält, um Erkenntnis zu ermöglichen, nämlich Schlüsselerlebnisse. Voraussetzung dafür ist allerdings, dass man sich mit der Frage auseinandersetzt, wozu unser Erdendasein dienen soll und sich folgende Antwort geben kann: Als Mensch ist mein Ziel kein stetiger Überlebenskampf wie bei den Tieren, sondern wir wollen an der Welt tätig werden. Völlig offen ist noch, inwieweit sich die Erde opfern muss, damit wir an unseren Fähigkeiten wachsen können.

Leider werden unsere Kinder bei der Gestaltung ihrer Biografie heute viel zu oft alleine gelassen. Wir bei dm merken das vor allem bei den vielen Tausend Schülern, die Jahr für Jahr eine Lehre bei uns starten. Unsere moderne Gesellschaft eröffnet zwar unzählige Möglichkeiten, aber sie lenkt dadurch die jungen Menschen leicht vom Wesentlichen ab. Die Konzentration des Alltags auf das Konsumieren, das Proklamieren der Spaßgesellschaft und vor allem die Ideologie der «Selbstverwirklichung» führen in die Irre. Die Übergänge zwischen zahllosen Werbebotschaften, die unter die Gürtellinie zielen und schon Kinder, Jugendliche und Erwachsene nicht als Entwicklungswesen, sondern als Reiz-Reaktions-Wesen ansprechen, hin zu dem manischen Streben nach einer «individuellen Selbstverwirklichung», bei dem die Sinnfrage ausgeklammert bleibt, sind fließend, unmerklich, ja verführerisch.

Sie müssen sich nicht für meine Biografie interessieren, aber Sie sollten sich unbedingt für Ihre eigene Biografie interessieren – und Sie sollten junge Menschen für Biografisches begeistern. Mir hat die Frage sehr geholfen, wie bei meiner biografischen Entwicklung Seele, Geist und Körper zusammenhängen. Ich behaupte, dass wir als Arbeitsgemeinschaft dm so

erfolgreich sind, weil wir über eine solche Biografiearbeit unsere Weltbezüge definiert haben. Diese Arbeit braucht es, um ein Unternehmen als Plattform für
viele Biografien zu begreifen, als ein Mittel, das der
Fähigkeitsentfaltung der Beteiligten dient.

Deshalb arbeiten wir stetig daran, möglichst viele
Menschen bei dm in eine «unternehmerische Disposi-
tion» zu bringen. Beobachtendes Wahrnehmen, Erkennen, Verifizieren und Methodisieren – dieser Vorgang
ist eine unternehmerische Attitüde, die man bei der
Biografiearbeit lernt. Denn genauso wie ich werden
alle Menschen in einem Stadium der Bewusstlosigkeit
geboren, um Schritt für Schritt zu lernen, die Welt zu
verstehen. Und verstehen wollen wir, weil wir die Welt
verändern wollen.

Der derzeit größte Irrtum in unserem Kulturkreis
ist allerdings ganz im Sinne von «Selbstverwirklichung» die Fehlannahme der Wirtschaftswissen-
schaft, dass die Wirtschaft wegen unseres Strebens
nach egoistischem Individualismus funktioniere. Wer
so denkt, der denkt die Menschen als Mittel und den
«funktionsfähigen Markt» als Zweck.

Menschen, Sie oder ich, sind aber nie Mittel, sondern
immer Zweck aller Bestrebungen. Die Wirtschaft ist
für die Menschen da und nicht umgekehrt.

42

Wie wichtig ist Kunst?

Immer wieder setzen Autoren auf den Überraschungseffekt, indem sie Zitate etwa zur Verdorbenheit der Jugend, zur rasanten Beschleunigung unseres Umfelds oder zur unüberschaubaren Komplexität unseres Alltags an den Anfang ihres Artikels oder Buches stellen. Dass diese Zitate alt sind und von Goethe, Sokrates, Konfuzius oder aus der alttestamentarischen Bibel stammen, sehen sie als Beleg dafür, dass sich nichts wirklich ändert in dieser Welt.

Dem ist aber nicht so, im Gegenteil: Es verändert sich ständig unglaublich viel. Wenn dm-drogerie markt 2013 im 40. Jahr existiert, dann kann ich sicher sagen, dass ich sehr viele Veränderungen erlebt habe – große und kleine, plötzliche wie langwierige, gute und schlechte.

Die bedeutsamste ist die rasant fortschreitende Individualisierung. In unserem Land hat sich in unserem Selbstverständnis nach dem Ende der totalitären Diktatur viel bewegt. Waren die Menschen bis dahin eher autoritätshörig, so arbeiten sie seitdem daran, sich selbstbewusst und selbstbestimmt ihrer eigenen Entwicklung zu stellen. Vater, Lehrer, Pfarrer und auch die politischen Führer haben ihre uneingeschränkte

Deutungs- und Handlungsmacht verloren. Befehl und Gehorsam sind nicht mehr die Grundlage der Gestaltung des Miteinanders, sondern das eigene Denken, Fühlen und Wollen.

Das Wie des Miteinanders verantwortet heute jeder für sich selbst. Was die Sache nicht leichter macht, sondern schwieriger. Denn eines kann ich Ihnen aus meiner 40-jährigen Erfahrung bei dm sagen: 99 Prozent der Probleme, die wir haben, sind soziale Probleme. Das Miteinander ist also die größte Herausforderung. In meiner Rolle als Unternehmer führte das zu einer klaren Erkenntnis: Dass ich dazu beitragen möchte, dass sich möglichst viele Menschen als «Lebensunternehmer» begreifen.

Das ist keine leichte Aufgabe, sondern eine große soziale Kunst – größer als alle anderen Künste, von der Bildhauerei bis zur Architektur. Einer der größten Künstler Deutschlands, Joseph Beuys, hat das gemeinsame Ziel dieser sozialen Kunst als «Soziale Plastik» bezeichnet, wobei der Weg zugleich das Ziel ist. Denn mit «Soziale Plastik» meinte er eine Gemeinschaft, an der alle durch kreatives Handeln mitformen. Die soziale Kunst ist also die bewusste und verantwortungsvolle Arbeit in, aber auch an der Gesellschaft. Joseph Beuys haben wir es zu verdanken, dass er uns auf die Gestaltung der Gesellschaft als einen künstlerischen Prozess aufmerksam gemacht hat.

Wenn wir die verschiedenen Künste betrachten, zum Beispiel die Musik, die Bildhauerei oder die Architektur, dann haben diese traditionellen Künste ihren Kulminationspunkt vielleicht bereits hinter sich. Die Kunst, bei der wir dagegen noch richtige Anfänger sind und bei der wir uns noch sehr viel aneignen können, ist die soziale Kunst.

Wir bei dm üben die soziale Kunst in unserer Arbeitsgemeinschaft, und die Aufgabe der Teams besteht nicht nur in der besten händlerischen Leistung, sondern auch darin, sich im sozialen Umfeld mitgestaltend und vorbildlich einzubringen. Meinen persönlichen Beitrag versuche ich zu leisten, indem ich mich für die Idee eines bedingungslosen Grundeinkommens für alle Bürger einsetze. Ehrenamtlich und so sozialkünstlerisch wie möglich.

Aufgaben in unserer Gesellschaft gibt es genug: alleinerziehenden Müttern zu helfen oder das Singen im Kindergartenalltag voranzubringen, Lesestunden in Schulen durchzuführen oder Jugendarbeit im Sportverein zu ermöglichen oder im Erwachsenenalltag Beistand zu leisten bis hin zur Sterbebegleitung im Hospiz. Jedes bürgerschaftliche Engagement ist eine Beteiligung am sozialkünstlerischen Prozess. Stundenlanges Fernsehen und die Flucht in Computerspiele oder Romanwelten sind dagegen keine Beiträge zu einer «Sozialen Plastik» als gemeinsames Kunstwerk.

43

Warum wir auf Macht verzichten müssen!

Ein Unternehmen wie dm-drogerie markt war vom ersten Tag seines Bestehens an vor allem eines: ein sozialer Organismus. Denn alleine hätte ich keine Chance gehabt, die Wünsche unserer Kunden angemessen zu erfüllen. Damit heute die rund 2.700 dm-Märkte in Europa pünktlich öffnen, mit Ware versorgt und sauber sind sowie atmosphärisch angenehmes Einkaufen ermöglichen, müssen Menschen viel leisten.

In den 40 Jahren seit der Gründung habe ich gelernt, wie wichtig Leistungsvermögen und Leistungsbereitschaft sind – und wie sehr es darauf ankommt, dass Verantwortliche ein feines Gespür dafür entwickeln, wo die Übergänge zwischen Unterforderung, passender Anforderung und Überforderung bei jedem einzelnen Beteiligten sind. Es geht darum, sowohl Katastrophen aufgrund von Dauerstress zu vermeiden als auch darum, sogenannte Stressoren genau zu dosieren. Sonst droht statt Überforderung Langeweile.

Was einem Organismus nutzt und schadet, das veranschaulicht auch der Autor Nassim Nicholas Taleb in seinem neuen Buch *Antifragilität*. Wer seinen Körper nie trainiert, ist nicht nur schlapp, sondern auch fragil, wenn zum Beispiel ein Sprung aus nur einem

Meter Höhe erforderlich ist. Trainiert man den Körper langsam, ist nach vielen Sprüngen ein Höhenunterschied von einem Meter kein Problem mehr. Selbst zehn Sprünge unmittelbar hintereinander würden kein Problem mehr darstellen.

Was für den einzelnen Organismus gilt, das gilt genauso für soziale Systeme, für den berühmten Ruder-Achter genauso wie für ein Filialteam oder für ein Unternehmen, nur sind bei 20- bis 40-köpfigen Filialteams die Ziele und Methoden komplexer als in einem Ruder-Achter. Bei uns im Unternehmen sind es nicht nur Wind und Wasser, sondern viele andere «Stressoren», die es zu beachten gilt. Der Umgang mit den täglich rund zwei Millionen Kunden in unseren Märkten macht auch deutlich, was der Unterschied zwischen antifragil und stabil ist: Es geht nicht darum, die Anforderungen der Kunden «auszuhalten», sondern darum, an den Anforderungen zu «erstarken».

Ich habe als Händler das Glück, dass mir die Erkenntnis, was einen sozialen Organismus «antifragil» macht, durch unsere Struktur täglich vor Augen geführt wird: 2.700 möglichst autonome Einheiten sind viel weniger anfällig für Katastrophen als ein starrer großer Organismus.

Ich wünsche mir, dass dieses Prinzip auch von Politikern begriffen wird und das Subsidiaritätsprinzip, also möglichst viele Entscheidungen von der jeweils kleinsten Einheit zu treffen, so oft wie möglich Anwendung findet. Je mehr wir die «Antifragilität» eines jeden Bürgers oder vieler kleiner Einheiten fördern, desto stabiler ist das Ganze.

Was das für die Menschen an der Spitze der Organisation bedeutet ist klar – nämlich Machtverzicht. Als Unternehmer kann ich aber mit Gewissheit sagen: Wenn sich die Filialteams nicht täglich ermächtigen würden, ihre Märkte aufzuschließen, zu betreiben und sich den Kunden liebevoll zu widmen, dann gäbe es dm-drogerie markt nicht.

Selbst große politische Gebilde können gut funktionieren, wenn möglichst viele Bürger möglichst viele Sprünge im übertragenen Sinne trainieren. Jeder wird seine «maximale Sprunghöhe» herausfinden, aber schlappe Bürger bringen auch nur schlappe und fragile Gesellschaften zustande.

44

Wozu braucht es freiheitswillige Menschen?

In unseren Unternehmensgrundsätzen haben wir festgeschrieben, dass wir eine bewusst einkaufende Stammkundschaft gewinnen wollen. Dahinter verbirgt sich das Grundrecht auf freie Meinungs- und Willensbildung. Freie Meinungsäußerung ist ohne freie Willensbildung nicht möglich, anders herum verhält es sich genauso. Die Freiheit zu beidem ist ein Privileg unserer abendländischen Kultur, es war ein langer Weg bis zum heutigen Zustand – die Schweizer haben erst 1971 das Frauenwahlrecht eingeführt.

In der Schweiz gab es den Unternehmer Gottlieb Duttweiler, der als Händler vor und nach dem Krieg die Konsumgewohnheiten veränderte. Richtigen Konsum verband Duttweiler immer mit Bildung, er propagierte und förderte den mündigen Konsumenten. Er gründete nicht nur die schweizerische Variante der Volkshochschule, sondern er war auch über Jahre Herausgeber einer der auflagenstärksten Zeitungen.

Erst kürzlich kritisierte einer der erfolgreichsten Werbestrategen der Welt, Amir Kassaei, massiv seine Zunft: «Wir versuchen, Menschen Waren zu verkaufen, die sie nicht brauchen, und erziehen sie dazu, sich durch Konsum zu definieren.»

Sich über Konsum zu definieren, widerspricht dem Grundgedanken des Händlers Gottlieb Duttweiler, der sich wie wir bei dm für bewussten Konsum eingesetzt hat. Genau genommen geht es um unser Menschenbild: Wenn wir Menschen als ergebnisoffene Entwicklungswesen begreifen, dann ist der Konsum Mittel zum Zweck, betrachtet man seine Mitmenschen hingegen als Reiz-Reaktionswesen, also wie zu konditionierende Tiere, dann wird der Mensch zum Mittel, um die Wirtschaft florieren zu lassen.

Wie Gottlieb Duttweiler habe ich mir als Händler diesen Zusammenhang immer wieder klarzumachen versucht mit der Folge, dass wir bei dm unser Marketing nie nur als Werbung, sondern immer auch als eine Art journalistischer Aufgabe verstanden haben.

Es wäre aber vermessen zu glauben, Händler könnten in ausreichender Form und Fülle Informationen und Meinungen verbreiten. Dazu braucht es freie Medien, dazu braucht es ambitionierte Blogger, und dazu braucht es auch Rundfunk- und Fernsehsender, die unabhängig von Werbekunden recherchieren, dokumentieren und berichten können. Tief, umfassend, gründlich und eben keine schnellen und vergänglichen News, bei denen täglich «eine neue Sau durchs Dorf gejagt wird.»

Und es braucht mündige freiheitswillige Menschen, ob als Konsumenten oder als Bürger, die diese Informationen wollen. Es sei immer schwieriger, ein Publikum zu finden, das etwas Neues erfahren möchte, die Menschen wollten viel lieber ihre Vorurteile bestätigt sehen, sagt der Journalist Hans Leyendecker von der *Süddeutschen Zeitung*. Dieses Problem habe ich als Händler erlebt, als wir in den Achtzigerjahren damit angefangen haben, Bioprodukte anzubieten und darüber zu informieren. Auch der Nutzen eines Dauerpreises statt Lockangeboten ist vielen bis heute verschlossen geblieben.

Beim nachhaltigen Konsum bin ich aber letztendlich genauso optimistisch wie bei meiner sozialpolitischen Initiative für ein bedingungsloses Grundeinkommen. Immer mehr Journalisten und Blogger sind bereit, über Neues nachzudenken und zu berichten. Damit sich sinnvolle Informationen verbreiten können, braucht es unabhängige Medien – und eben bewusst lebende und konsumierende (das heißt, die Leistung anderer in Anspruch nehmende) freie Bürger, die sich nur dem Diktat ihrer eigenen Meinung unterordnen.

45

Brauchen wir heute noch Herzensbildung?

Kindermund tut Wahrheit kund. «Vieles von dem, was die Mama für uns tut, macht sie nicht gerne», sagte eine kleine Grundschülerin bei einer meiner Lesestunden, um die ich hin und wieder gebeten werde. «Die Mama macht es aber, weil sie uns liebt», meinte daraufhin ein anderes Kind in der Klasse.

Diese beiden Aussagen wiederhole ich hier, weil die Kinder mehr intuitiv als bewusst erfasst haben, dass Liebe und Zuneigung keine Spaßveranstaltung sind, sondern eine andere Grundlage brauchen und auch haben. Bei Müttern und Vätern halten wir es für selbstverständlich, dass sie für ihre Kinder tätig werden, weil Liebe und Zuneigung durchaus auch einmal mit unangenehmen Pflichten verbunden sind.

Man kann sich aber schnell bewusst machen, dass das Miteinander aller Menschen funktioniert wie das zwischen Eltern und Kindern: ein Miteinander von Menschen, die konstruktiv und nicht destruktiv ihr Leben gestalten wollen. Wenn wir also für andere tätig werden, dann geht es nicht nur um Spaß, sondern es geht darum, aus Interesse, aus Liebe zu unseren Mitmenschen, zur Menschheit und zur Schöpfung insgesamt die Initiative zu ergreifen und füreinander tätig zu werden. Es geht um «die von Weisheit erleuchtete und von Liebe erwärmte Tat des Menschen», wie es Rudolf Steiner, der Begründer der Anthroposophie, so pointiert formulierte.

Steiners Formulierung hat es in sich, denn er formuliert klar und eindeutig, dass unser Tun, unsere Tat sich aus zwei Quellen speist, wenn sie schön und zweckend sein soll. Viele Menschen, Eltern und Lehrer, vor allem Hochschullehrer, sehen das Wohl der Menschen am ehesten verwirklicht, wenn sie die geistige Bildung der Schüler und Studierenden vorantreiben.

Doch die Vermittlung von Wissen alleine reicht nicht aus. Denn der Mensch ist sozial kein von Instinkten gesteuertes Triebwesen, sondern ein Entwicklungswesen, das seine Veranlagungen stetig entfalten muss. Das leisten umfassende, ganzheitliche Bildung, Bewusstseins- und Herzensbildung.

Um so erstaunlicher ist, dass wir auf deutschem Boden nur eine einzige Verfassung haben, in der Herzensbildung als Ziel festgeschrieben ist. Nicht im Grundgesetzt der Bundesrepublik Deutschland, sondern nur in der Verfassung des Landes Bayern steht in Artikel 131: «Die Schulen sollen nicht nur Wissen und Können vermitteln, sondern auch Herz und Charakter bilden.»

Genau dies ist der zweite Teil der Bemerkung von Rudolf Steiner, wenn er davon spricht, dass die Tat von Liebe erwärmt sein muss und nicht nur von Weisheit durchleuchtet. Als der Hochschullehrer Dietrich Schwanitz vor einigen Jahren einen Bestseller zum

nötigen Bildungskanon schrieb mit dem Titel *Bildung.*
Alles, was man wissen muss, hat er nur das Streben nach
Weisheit beschrieben, die Herzensbildung hat er nicht
thematisiert. Wenn aber ein Bildungskanon der Kern
unserer Kultur ist, dann wird sofort deutlich, dass eine
Kultur ohne Herzensbildung sehr schnell im Totalitarismus und in Gewaltverherrlichung enden kann.

Es braucht eine liebevolle Hinwendung zur Wirklich-
keit, um Tätigkeiten ergreifen zu können, die getan
werden müssen, auch wenn sie unangenehm, anstren-
gend und lästig sind. Schauen Sie hin: Es ist eine Freude zu erleben, wenn ein Mensch seine Herzenskräfte
entfaltet und sich mit seiner Aufgabe verbinden kann.

Wenn ich Filialen besuche und die Filialleiterin –
Frauen sind Männern in puncto Herzensbildung oft
überlegen, was viel mit unserer «Kultur» zu tun hat
– vorangeht und mir zeigt, wie sie und ihr Team ihren dm-Markt für die Kunden herausgeputzt haben,
dann wird wahrnehmbar, wie sehr den Kolleginnen
und Kollegen ihre Kunden «ans Herz gewachsen» sind.

Wir tun nichts Gutes, wenn wir die Fähigkeiten,
die Welt zu analysieren und zu beherrschen, immer
weiter perfektionieren und dabei die Herzensbildung
vernachlässigen. Dieses Bildungsziel sollten wir nicht
den Bayern alleine überlassen.

46

Bin ich Herr
oder
bin ich Knecht?

Als Unternehmer erlebe ich die verschiedensten Formen der Mitarbeit – auch bei dm: Viele Kolleginnen und Kollegen bringen sich ein. Andere arbeiten nach dem Prinzip «Dienst ist Dienst und Schnaps ist Schnaps». Menschen mit dieser Devise sind keine Exoten in unserer Gesellschaft, sondern artikulieren eine weitverbreitete Haltung: «Das, was ich beruflich tue, ist fremdbestimmt, was ich privat tue, das entscheide ich.» Verständnisvoll könnte man jetzt sagen, dass die Trennung zwischen Arbeit und Freizeit eine wichtige Errungenschaft ist.

Wo ist also das Problem? Dieses Problem hat die Publizistin Hannah Arendt am Beispiel des SS-Manns Adolf Eichmann aufgezeigt. Aufgrund einer Trennung zwischen fremdbestimmter Arbeit, für die man sich nicht verantwortlich fühlt, zu funktionieren hat, und selbstbestimmter Freizeit können die größten Schandtaten geschehen.

Wer nicht bereit ist, für das, was er tut, einzustehen, der lebt an seinem Leben vorbei. So können und dürfen wir kein Leben bewältigen. Sondern wir müssen uns, ob wir Unternehmer sind oder Angestellte, die Schlüsselfrage stellen, und das am besten jeden Tag.

Die Frage, ob wir unser Leben sinnvoll gestalten, ob wir uns mit allem, was wir tun, identifizieren können. Egal, ob es sich um Arbeit oder Freizeit handelt. Denn es genügt keineswegs, dass wir mit unseren Mitmenschen einfühlsam und liebevoll umgehen, sondern wir müssen Rechenschaft ablegen können im Umgang mit uns selbst.

Wie Christus gesagt hat – oder ihm der Ausspruch zugeordnet wurde –, ist klar, dass man den Nächsten, nur dann lieben kann, wenn man sich selbst liebt. Sich selbst zu lieben, ist aber, so wie Nächstenliebe, kein schieres Vergnügen, sondern erfordert größte Anstrengungen.

Stellen Sie sich einfach Ihr Gewissen als eine zweite – identische – Person vor, die Sie fragt, ob Sie Ihre Taten und Handlungen vor Ihrem Gewissen verantworten können. Ihr Gewissen, das Sie fragt, ob Sie den Zweck Ihres Daseins auf der Erde wirklich erfüllen. Dann können Sie sich kaum herausreden, dass ein anderer Ihnen Aufträge für unnütze Tätigkeiten erteilt hat. Wir Menschen sind nie Erfüllungsgehilfen für andere, sonst verfehlen wir völlig unseren Zweck. Wir sollten uns jederzeit klarmachen, dass wir für jede Sekunde unseres Lebens, ob sie als Arbeit stattfindet oder als Freizeit, Rechenschaft ablegen müssen gegenüber uns selbst. Ganz selbstkritisch.

Gläubigen Menschen hilft es, dass sie nicht sich selbst, sondern einen Gott als Instanz wählen, der gegenüber sie sich verantworten müssen für ihre

Lebenserfüllung. Direkter und besser ist es, sich höchstpersönlich die Frage zu stellen: Bin ich Herr oder bin ich Knecht? Wer sich als Knecht fühlt, der hat einen echten Arbeitsbedarf. Lieben Sie sich selbst!

47

Was hat Einkaufen mit Moral zu tun?

Einmal war in einer großen deutschen Tageszeitung zu lesen, dass einige Verbraucherschützer und ein Bremer Professor für Politik davor warnen, den Kaufakt zu moralisieren oder zu einer politischen Entscheidung zu machen, weil dies eine Überforderung des Verbrauchers sei.

Das genaue Gegenteil ist richtig. Die Menschen sind nicht dumm und verantwortungslos. Die moderne Mediengesellschaft mit tausenden Publikationen einerseits und technisch basierten Social Communitys andererseits macht es möglich, Produktionsprozesse transparent zu machen, seriöse von unseriösen Geschäften zu unterscheiden und ökonomisches, soziales und ökologisches Fehlverhalten von Anbietern bekannt zu machen.

Die Mündigkeit des Bürgers, seine Urteilsbildung und Verantwortungsbereitsschaft sind nicht nur beim seltenen Gang an die Wahlurnen gefragt, sondern auch und erst recht im Alltag. Bürger ist man jeden Tag. Verantwortlich und mündig ist man bei den tagtäglichen Entscheidungen. Beim Kauf von Produkten, bei der Wahl von Einkaufsstätten und bei der Beauftragung von Dienstleistern: Strom aus regenerativen

Energiequellen zu beziehen, Textilien und Teppichen den Vorzug zu geben, die ohne die Schinderei von Kindern hergestellt werden oder fair gehandelten Kaffee trinken zu wollen.

Es ist eine Frage des eigenen Menschenbildes, des Selbstbildes und des Fremdbildes, ob man seinen Mitbürgern Urteilskraft zutraut oder eben nicht. Ich meine: Die Menschen sind heute nicht nur fähig und auch willens, sondern sie sind sogar moralisch in der Pflicht, sich ein Urteil zu bilden darüber, bei wem sie kaufen und was sie kaufen.

Und die Produzenten, Händler und Dienstleister sind ebenso in der Pflicht. Sie sind gefordert, die Verbraucher urteilsfähiger zu machen, statt sie über die Herkunft, die Inhaltsstoffe oder den CO_2-Aufwand im Unklaren zu lassen. Es genügt eben nicht, diese Aufgabe von oben durch Verordnungen oder Gesetze zu regeln, oder sie Warentestern, kritischen Medien oder Verbraucherberatungen zu überlassen – die Wirtschaft hat, wie die Bürger, eine Selbstverpflichtung.

Bei dm haben wir bereits kurz nach der Gründung des Unternehmens unsere Haltung definiert. In wenigen, knappen Grundsätzen, auf der Basis eines positiven, wertschätzenden Menschenbildes. Darin steht, dass wir eine bewusst kaufende Stammkundschaft gewinnen wollen, deren Bedürfnisse wir durch unser Angebot veredeln wollen. Diesen Anspruch an uns verbinden wir mit der Ambition, uns die Probleme der Kunden zu eigen zu machen.

Für mich war und ist es evident, also durch Wahrnehmung und Denken erkennbar, dass gut informierte Bürger heute nicht mehr nur das günstigste Produkt erwerben wollen – egal bei wem –, sondern dass sie mehr denn je wissen wollen, wen sie durch ihren Kauf unterstützen. Dieses Evidenzerleben wird durch die Empirie der Meinungsforscher gestützt: Bei einer aktuellen repräsentativen Studie beurteilten die Befragten die Unternehmen nicht mehr nur nach den drei klassischen Kriterien der Nachhaltigkeit, also ökonomischen, sozialen und ökologischen Aspekten, sondern Ehrlichkeit, Fairness und Kundenwertschätzung flossen in die Beurteilung der Verbraucher mit ein. Dass die dm-Drogeriemärkte in der Spitzengruppe landeten und bei den Händlern mit Abstand vorne lagen, liegt ganz sicher daran, dass wir unsere Grundsätze immer wieder auf's Neue auch umsetzen wollen.

Es ist zu hoffen, dass das sehr bewusste Kaufverhalten von immer mehr Bürgern den skeptischen Politikprofessor und andere, denen es an Zutrauen in ihre Mitbürger fehlt, eines Besseren belehrt; und diejenigen Unternehmen zu Verhaltensänderungen zwingt, die glauben, den Menschen ginge es nur um beste Preise. Die haben wir von dm sowieso. Und das Gute ist: Die Zahl derer, die sich umfassend urteilsfähig machen, wächst mit jedem Tag. Und Unternehmer, Politiker und auch die Wissenschaftler sollten die Bürger, ob als Wähler oder als Konsumenten, nicht unterschätzen.

48

Macht Selbstlosigkeit zufrieden?

Sie sollten unbedingt ein Buch lesen, das Ihre Aufmerksamkeit verdient. Vor 45 Jahren hat der amerikanische Schriftsteller Lawrence Elliott das Leben von George W. Carver erzählt. Es ist eine faszinierende Lebensgeschichte mit dem Titel *Der Mann, der überlebte.*

Carver war schwarz und wurde als Sohn einer Sklavin in einfachste, ich möchte sagen, erbärmliche Verhältnisse hineingeboren. Während des Sezessionskrieges (1861–1865) wurde seine Mutter verschleppt und verkauft, er blieb zurück, sein Leben hing am seidenen Faden.

«Alles geben die Götter, die unendlichen, ihren Lieblingen ganz», schreibt Goethe, «alle Freuden, die unendlichen, alle Schmerzen, die unendlichen, ganz.» George W. Carver muss solch ein Liebling der Götter gewesen sein.

Vom Schicksal gebeutelt, war er ausgestattet mit großer Disziplin, unbändigem Ehrgeiz, hoher Intelligenz und ganz offenbar unendlicher Nächstenliebe. Es ist belegt und verbürgt, dass seine Forschung und seine Vorträge das Leben von Millionen Amerikanern verbessert haben. Es ist dokumentiert, dass er selbstlos eine mobile Schule gründete, um arme Bauern über die richtigen Anbaumethoden zu informieren oder dass er Kongressausschüsse mit Schlagfertigkeit und Witz überzeugen konnte. Als Carver, der als einer der ersten Schwarzen an der Iowa State University und dem Institut von Tuskegee lehren durfte, 1943 starb, erwiesen ihm Menschen wie Präsident Franklin D. Roosevelt oder der große Autobauer Henry Ford die letzte Ehre.

Wie kaum eine andere Biografie zeugt das Leben George W. Carvers von Beharrlichkeit im Bemühen um die Verbesserung der Lebensbedingungen von Menschen jeder Hautfarbe und von Bescheidenheit in der Erwartung materieller Reichtümer. Er war Lebensunternehmer im besten Sinne. Im Advent ist es erlaubt, einen Bezug zu nehmen auf Jesus Christus. Carver war, so wie er lebte, ein nahezu perfekter Jünger des Herrn.

Carver, als Sklave geboren, hat sich wie kaum ein anderer Mensch tagtäglich für eine soziale Ordnung eingesetzt, in der es Menschen jeder Herkunft möglich ist, ihre individuelle Freiheit zu entfalten. Er lebte vor, wie sich ein Mensch aus der Unfreiheit der Sklaverei heraufholen kann in ein klares, volles und lichtes Bewusstsein. Sein Leben ist auch ein Zeugnis, dass sich freie Individualität nur an den Mitmenschen und in einem Leben für die Mitmenschen entfalten kann.

PS: Carver soll lebenslang tiefe Dankbarkeit Gott gegenüber empfunden haben. Er wird zitiert mit: «Petrus hatte dem armen Krüppel kein Geld zu bieten, also bot er ihm Mut und Hoffnung. Jeder muss lernen, das zu geben, was er hat: Begabung, Freundschaft, ein ermutigendes Wort.»

49

Ist Nächstenliebe eine Worthülse?

Einmal wieder hatten wir bei dm rund 500 Menschen zu Gast. Wir wollten unseren Partnern – also den Herstellern, Vermietern und Dienstleistern, die im regen geschäftlichen Kontakt zu uns stehen und mit denen wir gemeinsam für Sie, unsere Kunden, Bestleistungen erbringen wollen – zu unserem 40-jährigen Bestehen etwas Besonderes bieten. Nach unserer Veranstaltung erhielten wir viel positive, oft sehr emotionale Resonanz. So schrieb einer der Gäste, er habe sich am Morgen auf einen eher langweiligen Tag eingerichtet, abends nach Hause gekommen habe er seiner Frau mitgeteilt, dass er sich in Zukunft stärker für die Gesellschaft engagieren werde.

Wir hatten keine Bischöfe als Referenten und auch sonst keine Prediger, sondern Pragmatiker wie den Präsidenten des Kinderschutzbundes und den des Naturschutzbundes. «Wertschätzende, wertschöpfende Partnerschaften» war unser Tagesthema – im gesellschaftlichen Miteinander, in der Erziehung, in der Kultur, im Umgang mit der Natur und auch im Bankwesen. Im Mittelpunkt aller Betrachtungen stand die menschliche Zuwendung, obwohl es immer wieder um Geld ging.

Ohne Geldmittel lässt sich kein Museum erfolgreich führen, kann keine Kulturleistung erbracht werden. Die Erziehung unserer Kinder, Bewusstseinsbildung wie Herzensbildung erfordern stetige hohe Investitionen. Wenn kulturelles Schaffen, soziales Gestalten oder das Bewahren der Artenvielfalt im Vordergrund der Betrachtung stehen, dann wird klar, dass Geld dazu da ist, um das Miteinander zu organisieren.

Ein am Gemeinschaftlichen statt am Selbstbezüglichen orientierter politischer Vordenker, der Liberale Karl-Hermann Flach, hat ein wertschätzendes Miteinander klar formuliert, indem er das Gegenteil beschreibt. Mit kritischem Blick auf die Tendenzen in Deutschland sagt er, die individuellen Interessen erhielten Vorrang vor dem Grundanliegen, Freiheit und Würde für möglichst viele Menschen zu sichern. Flach hat diese Beobachtung Anfang der 70er-Jahre formuliert – zu der Zeit, als dm gerade gegründet wurde.

Von der dm-Gründung an ist es uns ein Anliegen gewesen, dass die Interessen der Arbeitsgemeinschaft mit denen der beteiligten Individuen in Einklang gebracht werden. Heute kann ich sagen, dass dm so erfolgreich war und ist, weil uns das Miteinander aller Beteiligten stets so wichtig war wie das erfolgreiche Zahnpastaverkaufen. In den letzten beiden Jahrzehnten wurde mir der Blick über den Tellerrand aber zunehmend wichtiger.

Denn es reicht nicht aus, mit regem Interesse die Entwicklung unserer Gesellschaft zu beobachten.

Phänomene wahrzunehmen ist wichtig, aber Anteil zu nehmen am Leben der Mitmenschen schafft eine andere Qualität der Beziehung. Heute, nach 40 Jahren Erfahrung mit der Gemeinschaftsbildung und Individualitätsentwicklung bei dm, bin ich der Auffassung, dass auch diese Stufe für ein langfristiges und nachhaltiges Miteinander nicht hinreichend ist. Um im Miteinander das Füreinander erlebbar zu machen, bedarf es der dritten Stufe der «Sozialen Kunst». Selbst wenn es etwas pathetisch klingt: Nur mit der Liebe zum Nächsten schaffen wir es, ein Leben in Freiheit und Würde für alle Menschen zu erreichen. Diese Erkenntnis mag den Gast unseres dm-Partnerforums veranlasst haben, sich für seine Nächsten engagieren zu wollen.

Ihr Partnerforum, liebe Leserinnen und Leser, könnten die Advents- und Weihnachtstage sein. Und verschenken Sie liebevolle Zuwendung statt materieller Reichtümer.

50

Ist Arbeit
Fluch
oder Segen?

In den zurückliegenden Wochen habe ich viele neue Menschen kennenlernen können, denn ich war auf einer Lesereise in ganz Deutschland unterwegs, um mein neues Buch vorzustellen. Als Stuttgarter Bürger bin ich oft vom dortigen Hauptbahnhof abgefahren, bei dem momentan erhitzte Gemüter aufeinanderprallen. Polare Positionen für oder gegen einen neuen Bahnhof werden bezogen, gemäßigte Befürworter oder Kritiker des Projekts versuchen zu vermitteln. Viele positionieren sich, obwohl den meisten Beteiligten ein ausreichendes Wissen fehlt, um urteilsfähig zu sein.

Früher, in Zeiten von Disziplin und Gehorsam, von Herrschaft und Gefolgschaft, war diese Urteilsfähigkeit unnötig. Heute streben die Menschen in unserem Kulturkreis nach Eigenständigkeit, nach Selbstherrschaft – nach Individualismus statt Konformismus oder Kollektivismus. Individualismus bedeutet aber weder autarke Selbstversorgung noch eremitenhafte Zurückgezogenheit, meint nicht Schrankenlosigkeit und Rücksichtslosigkeit; Individualismus findet in der Gemeinschaft statt und hat deshalb Rahmenbedingungen.

Der nach Individualität strebende Mensch muss

sich in einer höchst arbeitsteiligen Weltgemeinschaft mit zunehmender Vernetzung und unüberschaubarer Komplexität positionieren, er muss Normen und Gesetze berücksichtigen, Fakten, Risiken und jahrzehntelange Folgen abschätzen – wenn Individualismus nicht bei der Wahl der Jeansmarke, der Lippenstiftfarbe oder der Geschmacksvariante des Starbucks-Kaffees oder der Vapiano-Pizza enden soll.

Meinen Kindern vermittle ich deshalb, dass sie lernen müssen, die Welt als einen Ort der Begegnung zu verstehen, an dem das Ich sich nur am Wir entfalten kann. Diese Wertschätzung des Mitmenschen als notwendige Bedingung für eine individuelle Gestaltung der eigenen Biografie offenbart sich aber nicht nur in der jeweiligen Begegnung, sondern in der gesamten Lebensführung und nicht zuletzt in einer sinnvollen Arbeit für andere. Das kann, muss aber nicht notwendig sozialversicherungspflichtige Erwerbsarbeit sein. Arbeit ist, so gesehen, kein Fluch, sondern ein Segen für uns Menschen, weil jeder in seiner jeweiligen Aufgabe seine Individualität einbringen und ausbilden kann. Meine Studenten kennen diese Haltung als das «Füreinander-miteinander-Leisten». Ein nach Individualität strebender Mensch ist Ich-Unternehmer, bei Unterlassern verkümmert Individualität.

Den Kindern versuche ich auch zu vermitteln, dass alle Arbeit erst durch die Liebe zu den Menschen zur erfüllten Arbeit wird. Diese Einsicht fällt nicht schwer, wenn es um Leistungen für Familienmitglieder oder

Freunde geht. Menschenliebe per se oder die Liebe zur Menschheit erfordert aber ein hohes Bewusstsein.

In unserem Kulturkreis verbinden wir die Idee der Nächstenliebe mit der Person Jesu Christi. Wer sich mit perfekt gelebtem Individualismus beschäftigt, der kommt an Jesus Christus nicht vorbei. Denn Jesus hat in seinen Reden, Gleichnissen und durch seine Lebensführung dem menschlichen Wesenskern, dem Ich, die zentrale Bedeutung gegeben, an deren Ausgestaltung wir heute arbeiten und die wir als Individualismus bezeichnen können. Er hat den Unterschied herausgearbeitet und vorgelebt zwischen Egoismus und Individualismus. Er hat stets betont, dass wir für andere tätig sein müssen – in seinem Fall bis in den Tod – um unser Ich, unsere Individualität, vollends entfalten zu können.

Wir sollten also «besinnliche Weihnachten» nicht romantisch verklären als Tage mit Schneeflocken, Kerzenschein und dem Duft von Bratäpfeln. Es sollten Tage intensiven Nachdenkens über das Wesentliche an Jesus Christus sein. Nur durch dieses Bemühen lassen sich in Stuttgart und anderswo Lösungen erarbeiten, die weder kollektivistisch noch konformistisch sind und schon gar nicht egoistisch oder feudalistisch.

Eine besinnliche und produktive Weihnachtszeit wünsche ich Ihnen.

51

Wem soll frühkindliche Erziehung dienen?

Mein Elternhaus steht in Heidelberg. Dort haben sich im Herbst 2009 achtzig Wissenschaftler und Pädagogen getroffen, um sich über frühkindliche Bildung auszutauschen. Nach ihrer Tagung haben sie die «Heidelberger Erklärung» veröffentlicht. Sie ist ein Aufruf, sich intensiver mit der Entwicklung der Kinder zu befassen. Unser Glück müsse am Wohlergehen unserer Kinder gemessen werden, sie seien der größte Reichtum einer Gesellschaft, sagt Nelson Mandela, der in seinem Land dramatisch erleben konnte, wie diese Erkenntnis mit Füßen getreten wird.

Den Wissenschaftlern, die die Heidelberger Erklärung verfasst haben, geht es aber nicht um Entwicklungsländer oder sogenannte Schwellenländer, sondern um unser eigenes Land. Sie stellen fest, dass Deutschland Schlusslicht in Europa ist, wenn es um die Ausbildung der Erzieherinnen hierzulande geht. Es ist ganz offenbar so, dass auf Versorgung und Betreuung mehr Wert gelegt wird als auf pädagogische Fähigkeiten der Erzieher. Vor allem fehlen den Erzieherinnen und Erziehern die Grundlagen für eine Förderung der musischen und ästhetischen Bildung der ihnen anvertrauten Kinder.

Der Hauptgrund für diesen Mangel liegt in der Unfähigkeit der Gesellschaft, langfristige Ziele geduldig und ausdauernd ins Visier zu nehmen. Wer als Pädagoge heutzutage in der Erwachsenenbildung arbeitet, verdient mehr als ein Gymnasiallehrer, dieser mehr als ein Grundschullehrer und dieser wiederum mehr als ein Erzieher im Kindergarten. In der Grundschule, mehr noch in den Kindergärten und Kitas, sind männliche Pädagogen äußerst rar. Was von den Wissenschaftlern als Problem betrachtet wird, weil vielen Kindern die männliche Bezugsperson fehlt. Der Grund für fehlende männliche Pädagogen: Die Gesellschaft misst dieser frühkindlichen Erziehung einen viel zu geringen Wert bei; die Bezahlung ist gering. Rund 1.200 Euro verdient eine Erzieherin. Ergo reden und schreiben derzeit Experten und Politiker viel darüber, wie wichtig es für den Fortbestand unseres Wohlstandes sei, in die Kinder und deren Erziehung zu investieren.

Damit sich diese «Investition» für die Gesellschaft rechnet, soll dann das Erlernen von Lesen, Schreiben und Rechnen bereits im Kindergarten vermittelt werden; damit aus den so gebildeten Kindern schneller und effizienter nützliche Mitglieder einer an materiellem Wohlstand orientierten Gesellschaft werden. Ich teile die Auffassung des klugen Schweizer Philosophen Peter Bieri, dass unsere Bildungsoffensive für Kinder in erster Linie dazu dienen muss, Weltorientierung zu vermitteln, damit sich soziale Phantasie und glückliche Momente durch ein erlebtes Miteinander entfalten können. Man muss auf der Hut sein, wenn derzeit von Bildung die Rede ist. Selbst bei den Kleinsten wird hier von Ausbildung gesprochen und die Herzensbildung vergessen. Nicht nur den Eltern muss es ein Anliegen sein, dass ihre Kinder lernen, was Güte, Mitgefühl und Nächstenliebe sind. Das sind die «Kulturtechniken», auf die es ankommt; Lesen, Schreiben und Rechnen sind die Mittel, sich diese anzueignen.

Wenn in der «Heidelberger Erklärung» eine «Qualifizierungs- und Professionalisierungsoffensive» für die Erzieherinnen und Erzieher gefordert wird, dann müssen in Bildungseinrichtungen auch Lehrer sein, die Bildung umfassend begreifen.

Ich wünsche Ihnen einen guten Start ins Neue Jahr.

52

Können wir über uns hinauswachsen?

Kann man über sich hinauswachsen? Oder stößt man bei dem Versuch immer wieder an seine naturgegebenen Grenzen? Man muss bei dieser Frage wohl differenzieren zwischen den körperlichen, den geistigen und den seelischen Fähigkeiten. Als Leistungssportler kenne ich den bei jedem Wettkampf erlebbaren Versuch, über sich hinauswachsen zu wollen, nur zu gut. Und die im wahrsten Sinne des Wortes erlebten schmerzlichen Grenzen dieses Ansinnens genauso wie den Triumph, wenn sich die von einem selbst und mehr noch von Dritten vermutete Leistungsobergrenze dann doch noch zum Besseren hin verschieben ließ. Aber der Spielraum für Wachstum ist nicht sehr groß, bei mir wie bei allen anderen.

Ganz anders verhält es sich bei den geistigen Potenzialen. Wir können uns üben im Sprechen und vor allem im Denken. Jahr für Jahr, in guten Zeiten sogar Tag für Tag, erkennen wir Verbesserungen. Als ich vor einigen Jahren in Freiburg vor 1.700 Menschen, und damit zum ersten Mal vor einem größeren Publikum, zum Thema Grundeinkommen referierte, suchte ich viel mehr nach passenden Worten und Begriffen als zuvor bei einer Diskussion im Rahmen der Woche des

Grundeinkommens in Berlin. Und das Lampenfieber beim ersten ZDF-Interview vor 20 Jahren in Mainz – damals war ich froh, in einem dm-Markt befragt zu werden und vertrautes Terrain um mich zu haben. Beim diesjährigen ZDF-Gespräch für «aspekte» kam mir auch in den fremden Räumlichkeiten der Landesvertretung Baden-Württemberg die innere Ruhe nicht abhanden, um die richtigen Antworten zu geben. Der Mensch ist eben doch ein Entwicklungswesen.

Aber niemand entwickelt sich ohne seine Mitmenschen. In meinem Unternehmen ist mir dies immer wieder deutlich geworden, wobei es nicht darum geht, von anderen zu lernen, sondern darum, einander aktiv zu begegnen, um im Wortsinn über sich hinauswachsen zu können. Der Winter, insbesondere die Weihnachtszeit und der Jahreswechsel sind hervorragend geeignet, sich dieses geistig-seelische, grenzüberschreitende und grenzenlose Wachstum mittels empfänglicher Produktivität und produktiver Empfänglichkeit ins Bewusstsein zu rufen. Leider kommt die schöne Sitte der Grußkarten mehr und mehr außer Mode. Denn wir schreiben ja nicht nur Grüße. Ich habe Weihnachtsgrüße und Neujahrswünsche immer auch genutzt, um mich bei Freunden und Bekannten für dieses impulsierende Miteinander und Füreinander zu bedanken.

Dieses Bekunden tief empfundenen Dankes ist ein Indiz dafür, wo in uns die größten Entwicklungspotenziale zu entfalten sind. Vor unserer Zeitrechnung hat sich das Fühlen aus dem Wollen und das Denken aus dem Fühlen heraus entwickelt. Mit Christi Geburt, Leben und Leiden hat sich ein fundamentaler Wandel vollzogen. Liebe deinen Nächsten wie dich selbst, und gar: Ihr sollt eure Feinde lieben, eröffnet uns ganz neue Wege, um über uns hinauszuwachsen. Aus gefühlter Sympathie kann bei jedem durchdachte Empathie werden. Wir sind Gott sei Dank heute imstande, denkend zu fühlen und fühlend zu wollen und somit aus individueller geistiger Kraft eine Seelenverwandtschaft mit jedem Menschen zu schaffen.

Götz W. Werner
*Ein Grund für die Zukunft:
das Grundeinkommen*
Interviews und Reaktionen
128 Seiten, kartoniert

Götz W. Werner tritt in vielen Vorträgen und Interviews für ein bedingungsloses Grundeinkommen ein, das alle Bürger erhalten sollen. Die Einführung eines solchen Einkommens geht das Problem der Arbeitslosigkeit auf völlig neue Weise an und ermöglicht ein anderes Verhältnis zur Arbeit.

Wie lässt sich ein Bürgergeld finanzieren, welche Auswirkungen hätte es? Auf diese und viele weitere Fragen gibt Götz Werner überraschende, aber einleuchtende Antworten. Die Idee des voraussetzungslosen Grundeinkommens ist ein elementar wichtiger Beitrag zur Gestaltung unserer künftigen Wirtschaft und Gesellschaft.

Freies Geistesleben